Hanno Helbling

KATHARINA VON SIENA

Hanno Helbling

KATHARINA VON SIENA

Mystik und Politik

Verlag C. H. Beck München

Die Deutsche Bibliothek – CIP-Einheitsaufnahme:

Helbling, Hanno:

Katharina von Siena : Mystik und Politik /
Hanno Helbling. - München : Beck, 2000

ISBN 3-406-46160-3

ISBN 3 406 46160 3

Gesamtherstellung: Freiburger Graphische Betriebe
Gedruckt auf säurefreiem, alterungsbeständigem Papier
(hergestellt aus chlorfrei gebleichtem Zellstoff)
Printed in Germany

Inhalt

EINLEITUNG

Katharina von Siena, zweifellos eine der bedeutendsten Frauen der italienischen Geschichte, ist im Jahr 1380 gestorben und hat ein Briefwerk hinterlassen, das aus rund 380 Texten besteht, in mehr als fünfzig Handschriften überliefert und in neuerer Zeit einige Male ediert worden ist.[1] Aus dem Jahr 1378 stammt der «Dialogo della Divina Provvidenza», von ihr kurz «Il Libro» genannt, eine umfangreiche theologische Arbeit der Heiligen.[2]

Nur fünf Briefe *an* Katharina sind erhalten. Andere erwähnt und zitiert sie, aber das Echo bleibt undeutlich. Der Einfluss, den ihre Mahnungen, Bitten, Belehrungen auf ihre Zeitgenossen ausübten, ist schwer zu bestimmen. Die frühen Berichte über ihr Leben und Wirken stammen aus dem Kreis ihrer Anhänger, die wohl dazu neigten, diesen Einfluss zu überschätzen. Dass er begrenzt war, versteht sich von selbst und bestätigt sich mit einer Klarheit, auf die man sich jedoch nicht leichthin verlassen soll. Katharina hat den Kreuzzug gepredigt; er fand nicht statt. Sie hat die Florentiner zur Unterwerfung unter den Papst – «Christus auf Erden» – angehalten; sie blieben störrisch. Sie hat eine tief-

[1] Eine kritische Ausgabe hat Eugenio Duprè Theseider in Angriff genommen, aber nur ein erster Band seines «Epistolario di Santa Caterina da Siena» ist 1940 in der Sammlung der «Fonti per la storia d'Italia» erschienen; er enthält 88 Briefe. So ist für die meisten Texte – und auch für ihre Numerierung – die Edition von Niccolò Tommaseo (1860) massgeblich geblieben, zuletzt in einer Neuausgabe von Piero Misciattelli (1970).

[2] Dieses Werk ist zuverlässig ediert von Giuliana Cavallini (Siena, [2]1995). Nach ihrer Ausgabe wird hier zitiert.

greifende Reform des Klerus gefordert; es geschah nichts dergleichen. Sie hat das drohende Schisma abwenden wollen; es trat dennoch ein. Sie hat die Rückkehr der Päpste von Avignon nach Rom betrieben, und diese Rückkehr wurde vollzogen – aber um ihretwillen? Gab ihr Insistieren den Ausschlag?

Wenn man Raimund von Capua, ihrem ersten Biographen – Ordensbruder, Beichtvater, Freund und Bewunderer –, glauben will, ist Katharina im Alter von 33 Jahren gestorben:[3] wie Christus; oder sie hat so lange gelebt wie Maria Magdalena in der Wüste nach dem Tod Jesu. Ihre Briefe sind im letzten Jahrzehnt ihres Lebens geschrieben, und in dieselbe Zeit fallen ihre Gespräche – so weit wir von ihnen wissen – mit vielen Grossen der kirchlichen wie der weltlichen Sphäre. Einen sicheren Hinweis auf ihr Geburtsdatum haben wir nicht; und die Forschung ist im Zwiespalt geblieben: ob man die Angabe des Hagiographen übernehmen soll, weil man keine andere hat, oder ob es naheliegt, sich eine weniger junge Frau als oft ungebetene Ratgeberin von Päpsten und Königen vorzustellen.[4] Das Kriterium der Wahrscheinlichkeit ist indessen schwer anwendbar auf eine ohnehin ganz unerwartete Erscheinung; und man mag sich erinnern, dass Mère Angélique mit achtzehn Jahren als Äbtissin von Port-Royal eine Epoche der französischen Kirchen- und Geistesgeschichte eingeleitet hat.

[3] Die von ihm verfasste «Legenda maior» findet sich in: Acta Sanctorum, 30. April (obwohl als Todestag der 29. April festzustehen scheint).

[4] Robert Fawtier, Sainte Catherine de Sienne. Essai de critique des Sources I (1924) 136–150, glaubte annehmen zu können, dass Katharina im Jahr 1352 Tertiarierin geworden sei, was auf ein entsprechend früheres Geburtsdatum hindeuten würde. Vgl. aber Edouard Jordan, La date de naissance de Catherine de Sienne. Analecta Bollandiana 40 (1922) 365–411.

Katharina, Tochter des Färbers Iacopo di Benincasa, stammte aus dem «popolo minuto» von Siena: aus bescheidenen, aber gesicherten Verhältnissen. Ihre Briefe an gleichrangige oder etwas höher gestellte Personen verraten nicht nur ihre Sendungsgewissheit, sondern auch ein entspanntes soziales Selbstbewusstsein, das ihrer radikalen Demut zu um so freierem Ausdruck verhilft. Als sich um die jedenfalls noch sehr junge Frau eine Anhängerschaft zu bilden begann, traten dieser «famiglia» neben Ordensgeistlichen – vorwiegend Dominikanern – auch vornehme Laien bei, die Katharina als Sekretäre dienten; denn sie konnte zwar lesen, aber nicht oder kaum schreiben und hat sowohl ihre Briefe wie den «Dialogo» und einige kürzere Texte – Predigten und Gebete – diktiert.

So ist auch ihr Bildungsgrad schwer zu bestimmen. Wie weit sie Latein verstand, in welcher Sprache die religiöse Literatur ihr zugänglich war, wissen wir nicht – auch nicht, wieviel sie las und ob sie sich ihre theologischen Kenntnisse vielleicht eher im ununterbrochenen Gespräch mit gelehrten Freunden angeeignet hat. Für diese Annahme spricht, dass sie nur wenige Sätze – aus den Evangelien und aus den Paulus-Briefen – wörtlich zitiert, oft aber Begriffe und Gedanken aus Grundtexten der Patristik und der Scholastik aufnimmt; so wie auch manches Stichwort verrät, dass ihr die Sprache der Franziskaner-Spiritualen vertraut war.

Sie war demnach alles andere als gelehrt. Weder ihre Glaubensüberzeugungen noch ihre Einsichten in kirchlich-politische Verhältnisse beruhen auf der Verarbeitung eines ausgedehnten Wissens. Ihr geistiges Lebenselement war die Meditation, nicht die Reflexion; und in ihren Versuchen, auf geistliche und weltliche Machtträger einzuwirken, orientierte sie sich eher an augenblicklichen Notwendigkeiten als an der Kenntnis historisch bedingter Zusammenhänge. Die Notwendigkeiten aber erfasste und begründete sie immer aus ihrer religiösen Lebensauffassung und – wie man sehen wird – immer gleich.

Darum sollte man nicht die «Politikerin» Katharina von der heiligen Mystikerin unterscheiden, wie es Autoren, die sie nur im kirchengeschichtlichen oder nur im hagiographischen oder erbaulichen Kontext sehen, unwillkürlich getan haben; und wie es auch Forscher, denen beide Bereiche vertraut sind, für richtig halten.[5] Gerade die Frage nach dem Einfluss Katharinas auf ihre Zeitgenossen erlaubt keine solche Trennung. Wenn Gregor XI. sich im Jahr 1376 von ihr sagen liess, er müsse nach Rom zurückkehren, so hörte er von ihr der Sache nach nichts anderes, als was er schon zur Genüge gehört hatte; aber er hörte es *von ihr*, und wenn ihr Drängen etwas bewirkte, kann dies nur von der Ausstrahlung ihrer ganzen Persönlichkeit und so auch ihrer enthusiastischen (eher als ekstatischen) Frömmigkeit hergerührt haben. Selbst wenn das «Bewirkte» nicht mehr als eine leicht erhöhte Zuversicht des Papstes im Hinblick auf den schon beschlossenen Schritt war.[6]

*

Wer die Briefe Katharinas gelesen hat, steht zunächst unter dem Eindruck einer doppelten Gleichförmigkeit: sie sagt

[5] Besonders prominent: Robert Fawtier/Louis Canet, La double expérience de Catherine Benincasa (1948); dazu aber die gründliche Kritik von Eugenio Duprè Theseider, La duplice esperienza di S. Caterina da Siena. Rivista Storica Italiana 62 (1950) 533–574.

[6] Immer noch überzeugend: Léon Mirot, La politique pontificale et le retour du Saint-Siège à Rome (1899) S. 90: «On prête d'ordinaire à sainte Catherine un rôle considérable dans la décision prise par Grégoire XI de ramener la Papauté à Rome; la plupart des auteurs cependant reconnaissent très justement que la sainte ne fit que conforter et encourager le Pape dans un projet depuis longtemps arrêté. Son influence n'en fut que plus grande.»

stets das gleiche, und sie sagt es allen gleich.[7] Man bemerkt zwar, dass sich bestimmte Ausdrücke und Wendungen zeitweise häufen und wieder verlieren, woraus sich der eine und andere Anhaltspunkt für eine Chronologie der Briefe ergibt. Doch die Datierungsfrage bleibt weithin ungelöst und zugleich zweitrangig. Was Katharina zu sagen hatte, stand für sie ein für allemal fest; eine Entwicklung ihres Denkens ist nicht zu erkennen.

Grundbegriffe und Leitmotive dieses Denkens treten aus einer reichen, oft überreichen Metaphorik hervor. Das unbefleckte, das süsse Lamm ist über dem Feuer der göttlichen Liebe und am Spiess oder auf dem Holz des allerheiligsten Kreuzes gebraten worden (52, 90, 143, 266).[8] Wir sollen nach der alttestamentlichen Vorschrift (Exod. 12, 7–9) im Sakrament das gebratene, nicht das gekochte Lamm essen, denn am Gekochten haftet noch Erde und Wasser: die irdische Liebe und das Wasser der Eigensucht (266). So wie sich der Trinker mit Wein berauscht, sieht die vom Glauben begeisterte Seele nichts anderes mehr als das Blut, das mit so grossem Liebes-Feuer vergossen wurde (75). Das Blut des getöteten Lamms wäscht das Antlitz des Gewissens und tilgt von ihm den Rost der Schuld, die als Wurm am Gewissen nagt; das Blut des Lamms ist ein reinigendes Bad, in dem die ungezügelte Selbstliebe und der verderbte Eigenwille ertränkt werden (80).

Der starke Wind des Gehorsams führt die Seele in dem Schiff der Ordnung, so dass kein Gegenwind sie aufhalten kann (84, ähnlich 220). So wie der Säugling die Milch aus

7 Robert Fawtier, Sainte Catherine de Sienne. Essai de critique des sources II (1930) 320, begründet so sein stilkritisches Urteil: «[...] ce style admirable est singulièrement monotone. [...] nous retrouvons dans toutes les lettres les mêmes expressions, souvent très belles, mais dont la répétition nuit à la beauté.»

8 Die Briefe sind hier mit den gebräuchlich gebliebenen Nummern der Ausgabe Tommaseos zitiert (s. Anm. 1).

der Brust der Mutter saugt: durch das Mittel des Fleisches, nähren wir unsere Seele an der Brust Jesu Christi (86) mit der süssen, göttlichen Milch, die durch den Gekreuzigten aus den Brüsten der Liebe fliesst (154).[9] Wir sollen uns in der Seitenwunde Christi verbergen, in der wir solche Freude und Süssigkeit finden, dass wir sie nie mehr verlassen möchten; denn sie ist ein geöffneter Laden voller Spezereien, voller Überfluss an Erbarmen (163). Aus der Beschneidung Christi hat sich ein Ring erhoben zum Zeichen dafür, dass er sich mit der Menschheit vermählen wollte (262).

So wie der Wucherer noch im Schlaf und während des Essens seine Gewinne macht, so auch die in Christus verliebte Seele: schläft oder wacht sie, arbeitet die Liebe für sie wie für jenen die Zeit (108). Wir sind ein Baum der Liebe, dem niemand seine Frucht rauben kann; Gott hat ihm einen Pfleger gegeben, den freien Willen, der ihn in das Erdreich der wahren Demut einpflanzt, so dass er duftende Blüten hervorbringt, zumal jene höchste Blüte: den Ruhm und den Lobpreis Gottes. Diese Blüte will Gott für sich, die Frucht schenkt er uns (113). Die Liebe ist ein Baum, an dessen Zweigen unzählige und verschiedenartige Früchte wachsen, alle von grosser, nährender Süsse, wenn die Hand des freien Willens nach ihnen greift und sie zum Mund des heiligen, feurigen Gottesverlangens führt (213). Wir sollen «mangiatori e gustatori dell'anime» sein; durch Liebe und heiliges Verlangen sollen wir Seelen verzehren und gebären im Angesicht Gottes; denn er ist das friedliche Meer, das allen zu trinken gibt, die dürsten und hungern und nach Gott verlangen; ein Meer, das Feuer speit, um jedes kalte Herz zu wärmen (144). Die Seele wappnet sich mit unablässigem Gebet (1. Thess. 5, 17) und verteidigt sich mit dem zweischneidigen Dolch des Hasses auf das Laster

[9] Vgl. Dialogo S. 261.

und der Liebe zur Tugend (8, 35 und öfter; auch: mit dem Dolch der Furcht und der Liebe, 261). Sie wächst im Haus der Selbsterkenntnis, in einem Licht der Wahrhaftigkeit und in einem unschätzbaren, unaussprechlichen und nicht zu verstehenden Feuer, das alles verbrennt, was in dem Haus wider die Vernunft wäre, und das im Ofen der Gottes- und der Nächstenliebe das Wasser der geistigen und der zeitlichen Selbstliebe aufzehrt (154, 322).

«Ich bin der Weg, die Wahrheit und das Leben» (Joh. 14, 6): dieses ursprünglich-evangelische Vergleichswort kommt in Katharinas Briefen oft vor; nicht aber, was erstaunen könnte, das Bild der Brücke, das in ihrem «Dialogo» als Grundmetapher erscheint: Christus als die Brücke zum Seelenheil. Das rührt wohl daher, dass dort Gottvater der «Gesprächspartner» ist, der die fragende «serva di Dio» – womit Katharina sich selber meint, so wie auch Paulus von sich als «von einem Menschen in Christus» spricht (2. Kor. 12, 2) – auf den Sohn als von ihm gesandten Vermittler hinweist. Ihre menschlichen Partner will sie gleichsam von der anderen Seite, von der Welt her zu Christus führen. «Al nome di Cristo crocifisso e di Maria dolce», so leitet sie jeden ihrer Briefe ein; und die Erwähnung Marias – von der in den Texten nur selten die Rede ist – kann nicht darüber hinwegtäuschen, dass sie mit aller Überzeugungskraft, die ihr zu Gebote steht, für ihre Blut-Christi-Mystik wirbt.

Sie wünscht sich einen Kartäuser-Prior «bagnato e annegato» – eingetaucht in das Blut des Gekreuzigten, weil sich in ihm die verderbte Eigenliebe verliert (55). Das Blut ist voller Feuer, weil es mit heisser Liebe vergossen wurde: ein Bad der Verheissung, der Gnade (73). Das Blut des unbefleckten Lamms, das vom Kreuz herabfliesst, nährt uns mit Erbarmen, löst die Finsternis auf, bringt uns das Licht, vertreibt die Wolke der sinnlichen Eigenliebe, befreit uns von knechtischer und erfüllt uns mit heiliger Furcht sowie mit der Gewissheit der göttlichen Liebe, die wir in dem Blut gefunden haben (102). Mit dem Blut, das Christus am Kreuz vergoss, ist die Menschheit getauft worden (189, vgl. 208).

*

«Ich, Katharina, Dienerin und Sklavin Jesu Christi, schreibe Euch (seltener: Dir) in seinem kostbaren Blut; mit dem Wunsch, Euch» – zum Beispiel – «als feste, aufrechte Säule im Garten der heiligen Kirche zu sehen» (an einen Kardinal, 334). Dieses «mit dem Wunsch, Euch (oder Dich) ... zu sehen» bildet in so gut wie jedem Brief den Übergang von der Eingangsformel zum Thema. Was Katharina zu sagen hat, wird beglaubigt durch das Blut Christi, «in dem» sie schreibt. Sie tritt dem Partner von vornherein nicht nur in eigener Person gegenüber. Darum kann sie einen Abt zugleich als Vater und als Sohn anreden: «dilettissimo e carissimo padre e figliuolo» (250; vgl. 52, 66) – und ihren Beichtvater als «carissimo e dolcissimo padre, e negligente e ingrato figliuolo» (104), worin sich wohl auch eine spirituelle Zärtlichkeit für den vertrautesten Helfer verrät.[10] Die verwitwete Mutter eines Sohnes, der wegen der Entführung eines Mädchens enthauptet worden ist, nennt sie «geliebteste Tochter»: «carissima figliuola in Cristo dolce Gesù» (38), obwohl die Frau doppelt so alt sein kann wie sie selbst.

Ihr Wunsch, den Adressaten oder die Adressatin «vom wahren Licht erleuchtet» oder «von wahrer Liebe beseelt» zu sehen, muss nicht immer bedeuten, dass sie solch innere Verfassung beim andern vermisst; er mag zumeist eher eine gemeinsame stete Sorge um die rechte Glaubenshaltung zum Ausdruck bringen. Und wenn «mit dem Wunsch, dass Ihr aus dem Schlaf der Nachlässigkeit erwacht» und «daran denkt, dass Ihr sterben müsst und wisst nicht wann», aller-

[10] An denselben (333): «... con desiderio di vedervi levato dalla fanciullezza vostra, ed essere uomo virile ...»

dings ein Tadel gemeint ist, bittet sie den Betroffenen – es ist der Bischof von Florenz – um Nachsicht für ihre Anmassung: «... schreibt es meiner Liebe und Hoffnung für Euer Seelenheil zu ...» (88, vgl. 16). Sie nennt sich dann wohl eine Elende, die nur im Namen Christi so sprechen kann (77) – so aber auch zum Papst. «Verzeiht mir, verzeiht mir», schreibt sie an Gregor XI., «da meine grosse Liebe zu Eurem Seelenheil und der grosse Schmerz, wenn ich das Gegenteil sehe, mich all dies sagen lässt. [...] Macht, dass ich nicht Euretwegen bei Christus Berufung einlegen muss ...» (255).

So kann sich mit der übrigens selten verwendeten Rhetorik der Ermahnung oder Beschwörung – «Siate siate gustatore e mangiatore dell'anime [...] Siate siate sollicito» (183); «Confortatevi confortatevi, e venite venite ...» (185)[11] – der Bescheidenheitstopos verbinden: «... dass Ihr Euch einer so niedrigen, elenden Kreatur erinnert» (an einen Apostolischen Nuntius, 109); «... Eure Liebe zu mir Elenden, die es nicht wert ist, dass Ihr mich kommen lasst oder von mir erwartet, dass ich ein Mittel zu diesem Friedensschluss sei, da ich für diese und jede andere noch so geringe Sache nicht tauglich bin» (an die Regenten von Siena, 123). Wenn sich Katharina aber die «Ursache jedes Übels» nennt (154, 214, 226)[12], gewinnt ihre Demut eine andere Dimension; sie wächst, indem sie sich an einem höchsten Anspruch misst, mit ihrem Sendungsbewusstsein zusammen.

Es sei ihr zu wenig an der Ehre Gottes gelegen, schreibt sie einem Ordensbruder (41); sie sei der Weisung, den eigenen Willen dem Gehorsam unterzuordnen, nicht nachgekommen. «Wehe meiner verirrten Seele, die nicht furchtlos *(con cuore virile)* das Kreuz meines liebsten und süs-

[11] Vgl. auch 159: «Conformatevi con Cristo crocifisso [...] nascondetevi nelle piaghe di Cristo crocifisso [...] bagnatevi nel sangue di Cristo crocifisso [...] inebriatevi e vestitevi di Cristo crocifisso [...] gloriatevi nella croce di Cristo crocifisso ...»

[12] Vgl. auch unten S. 134 und Dialogo S. 57.

sesten Bräutigams, des gekreuzigten Christus, umarmt hat; sondern in Nachlässigkeit und Unwissenheit bin ich dagesessen!» Oder: die im Dienste Satans stehen, scheuen weder Tod noch Mühsal, um sich die Verdammnis zu erwerben, «und mir Elenden wird um des Himmelsreichs willen das Kleinste zu viel» (96). Und an Gregor XI. (196): «Doch wenn Ihr Vergeltung und Gerechtigkeit üben wollt, haltet Euch an mich erbärmliche Elende und verhängt über mich jede Strafe und Folter, die Euch gut dünkt, ja selbst den Tod. Viele Mängel und viel Ungemach und Streit sind durch den üblen Geruch meiner Frevel entstanden.»

Man beginnt hier die Vielschichtigkeit ihrer Spiritualität zu ahnen. An dem Gefühl, einer übermenschlichen Aufgabe nicht gewachsen zu sein, ist nichts Ungewöhnliches. Merkwürdig wäre das Gegenteil: dass eine Person ohne Amt und Auftrag, Macht oder fassbare Autorität es sich zutraute, eine neue Ordnung der Dinge in Kirche und Welt herzustellen. Katharina ist weit davon entfernt, es sich zuzutrauen. Aber sie muss es versuchen. So wenig wie an ihrem Ungenügen zweifelt sie an dieser Pflicht. Sie muss es versuchen, und zwar – wie man sehen wird – nicht «wider alle Vernunft», sondern mit so viel Vernunft, wie sie aufbringen kann. Und nicht in der Zuversicht, dass es *ihr* möglich sei, Unmögliches zu vollbringen; sie denkt nicht daran, Wunder zu tun. Es gibt nur den einen Jesus Christus, der durch seine Wunder bewiesen hat, dass *Gott* nichts unmöglich ist. Und nur von ihm hat sie die Legitimation zu ihrem Tun erhalten – auf mehrfache Weise, die der Analyse bedarf.

An Raimund von Capua schreibt sie – und wahrscheinlich ist, dass sie nur ihm so schreiben konnte –, ihr sei eine nächtliche Vision oder ein Traum von unaussprechlicher Freude und Fülle zuteil geworden, worin Gott ihr zugleich das «Mysterium der Verfolgung sowie der Erneuerung und Erhöhung der heiligen Kirche in künftiger Zeit» erklärt habe. Von wachsendem Feuer ergriffen, habe sie das christliche und das ungläubige Volk in die Seitenwunde Christi einziehen sehen; «und ich, von Verlangen und Liebe erfasst, mischte mich unter sie; und mit ihnen ging ich in Christus, den süssen Jesus ein, begleitet von meinem Vater, dem heiligen Dominikus, und von Johannes Singularis [Silentiarius], mit allen meinen [geistlichen] Kindern. Und da hängte er mir das Kreuz an den Hals und gab mir wie auf meinen Wunsch den Ölzweig in die Hand, und so trug er mir auf, es dem einen und dem anderen Volk zu bringen» (219).

Man könnte erwarten, dass sich Katharina gefragt habe, warum gerade ihr eine solch übermenschliche Aufgabe zufalle. Sie berührt aber diese Frage nie und ist von ihr vielleicht nicht berührt worden. Ihre Briefe lassen erkennen, dass eine überpersönliche Christenpflicht ihr vor Augen getreten war, die sie wiederum ihren Partnern vor Augen zu führen hatte – jedem an seinem Ort; denn in jedem und jeder Gläubigen musste sich die Kirche auf ihrem Weg zum Reich Gottes verwirklichen. «Wir können unser Leben nicht anders beenden als in Klage und Bitterkeit, bevor sich solch tiefe Finsternis lichtet, wie sie jene erfüllt, die Licht spenden sollten im mystischen Leib der heiligen Kirche» (356). Und sie selber, an *ihrem* Ort? «Wehe, wehe mir Unseligen, die ich nicht warten mag, bis ich sehe, dass mir zur Ehre Gottes ein Dolch durch die Kehle dringt und mein Blut sich ergiesst auf das mystische Saatfeld der heiligen Kirche» (226).[13]

Da nähert sich die Legitimation der Identifikation. Das liturgische Wort vom Lamm Gottes, das die Sünde der Welt hinwegnimmt (nach Joh. 1, 29), muss Katharina gegenwärtig gewesen sein. Die Nachfolge Christi wird in ihrer radikalsten Form zum Nachvollzug seines Opfertods. Auch die inständige Evokation der Trauer und der Liebe Maria Mag-

[13] Vgl. auch unten S. 71.

dalenas (61, 163) ist als Annäherung an den Gekreuzigten – mehr als an den Auferstandenen – zu verstehen. Aber man darf sich durch den subjektiven Ausdruck religiösen Erlebens nicht täuschen lassen. Katharina weist sich selber keinen anderen Ort im Heilsgeschehen an als den einen, auf den alle Christen zugehen müssen, den Ort der vollkommenen Gläubigkeit.

*

Der Weg zur Vollkommenheit ist die Askese. Solange die Seele sich dem Willen des Fleisches und der sinnlichen Leidenschaft fügt, empfängt sie Gift von ihm, das ihr den Tod gibt – das ihr das Leben der Gnade raubt und sie der Todsünde verfallen lässt (44). Wir sollen unsere Sinnlichkeit hassen (213 und öfter), sollen Gott nicht durch die Vermittlung unserer Sinne oder irgendeines Geschöpfs suchen (94). Die Seele, die sich der Welt öffnet, kann sich Gott nicht zuwenden, «perchè è molto contrario l'uno all'altro» (155, 264). An eine Nonne (221): «... als Braut des gekreuzigten Christus darfst du nichts anderes denken und wollen als ihn, darfst Gedanken nicht nachgeben. Dass die Gedanken nicht kommen, sage ich nicht; das kann niemand verhindern. Denn der Teufel [den sie ‹il dimonio› nennt] schläft niemals, und Gott lässt das zu, um seine Braut zu vollkommener Eilfertigkeit hinzuführen und in der Tugend wachsen zu lassen.» Und an eine Novizin, die mit fünfzehn Jahren Witwe geworden ist (262):[14] «Die Welt ist dir schön und ergötzlich erschienen, und jetzt hat sie dir gezeigt, dass all ihre Freuden eitel sind [...] Darum ist es gut, sie zu fliehen und die eigene Sinnlichkeit zu hassen und jeden Genuss der Welt von ganzem Herzen zu verachten und nur unserem liebsten Herrn zu dienen.» Wer sich

[14] Vgl. auch unten S. 44–47.

so dem Gehorsam weiht, der macht sich den Chor zum Garten, den Gottesdienst zu seinen süssen Früchten, die Zelle zum Himmel; er ergötzt sich an der Einsamkeit, um seinem Schöpfer näher zu sein und keiner Vermittlung zu bedürfen; und aus seinem Herzen macht er einen Tempel Gottes (203). Sie selber bemüht sich zu essen, ohne zu geniessen (92), und ihre Speise sollen die Leiden sein, ihr Trank die Tränen. [...] «Ich will, dass die Leiden mich nähren [*mi ingrassino,* mich dick machen], dass sie mich heilen, dass sie mir Licht geben, dass sie mir Weisheit verleihen, dass sie meine Nacktheit kleiden, dass sie alle Eigenliebe, geistliche und weltliche, von mir nehmen» (119).

Aber: «Alles mit Mass»;[15] aus natürlicher Notwendigkeit steht auch der Leib als Werkzeug der Seele bei, dass sie Gott dienen kann (265). Wer die Kasteiung zum Selbstzweck macht, unterliegt einer schweren Selbsttäuschung («inganna molto se stesso»), denn er tötet so eher den Körper als den eigenen Willen (340).[16] Und so wehrt Katharina auch das Missverständnis ab, dass wir meinen müssten, alles zeitliche Gut sei «für uns schädlich und unser Tod. So ist es nicht [...] denn wäre es so, hätte Gott solches Gut nicht geschaffen und uns gegeben ...» Nur die «ungeordnete Liebe» zu unserem weltlichen Wohlbefinden bringt uns Verderben (345). Und so auch die Liebe zum Nächsten, wenn sie «das Ihre sucht» (1. Kor. 13, 5), wenn sie nicht in der Gottesliebe wurzelt: «Hüte dich davor, den Nächsten zu deinem eigenen Nutzen zu lieben, denn das wäre nicht wahre Liebe, du würdest so nicht auf die Liebe antworten, die Gott dir zuwendet. So wie dich Gott aus Gnade geliebt

[15] «Oh maladetta devozione, quanto se' uscita dalla misura tua!» – an einen Franziskaner, der durch seinen seelsorglichen Übereifer für eine Frau in eigene Bedrängnis geraten war (245).

[16] Vgl. Dialogo S. 32: «Voglio che l'operazioni di penitenzia e d'altri esercizi, i quali sono corporali, sieno posti per istrumento e non per principale affetto»; s. auch S. 285, 293.

hat, so will er, dass du die Liebe, die du nicht Ihm wiedergeben kannst, deinem Nächsten gibst» – ungeschuldet (50).[17] In dieser gott-menschlichen Liebesbeziehung gründet das Sakrament der Ehe, wie es Katharina in ihren Briefen an verheiratete Frauen und auch Männer erklärt. Das «Leben in der Welt» ist ihr nicht fremd,[18] sie begegnet ihm aber mit einem streng religiösen Anspruch.

Dieser Anspruch zielt stets auf Selbstverneinung. «Odio di sè» ist ein oft wiederkehrendes Stichwort. Wir sollen «das Unkraut der Eigenliebe» ausrotten. Und dafür genügt nicht der blosse Entschluss, der Welt zu entsagen und Christus zu dienen; denn das kann immer noch auf die je eigene Weise, zur persönlichen Erbauung geschehen, indem wir Gott um Heimsuchungen und Tröstungen nach unserer und nicht nach seiner Wahl bitten und ungeduldig werden, wenn uns nicht das zuteil wird, was unser eigener geistlicher Wille verlangt (38). Geduld ist aber, im Verein mit Gehorsam und Ausdauer, der Kern der Askese *(pazienzia, obedienzia, perseveranzia)*.[19] Immer wieder beruft sich Katharina auf Hiob. Und auch an Zachäus (Luc. 19) erinnert sie, der klein war und der auf einen Baum stieg, um den Herrn zu sehen – so wie auch wir, klein und arm an Liebe, «auf den Baum des allerheiligsten Kreuzes steigen, wo wir Gott sehen und berühren und das Feuer seiner unschätzbaren Liebe finden werden» (34). Mit dem Bild des Zachäus verbindet

[17] Vgl. Dialogo S. 190: ... weder «la carità mia [di Dio] senza la carità del prossimo» noch «quella del prossimo senza la mia: non può essere separata l'una da l'altra»; s. auch S. 164, 182.

[18] So akzeptiert sie auch die illegitime Geburt eines künftigen Dominikaners (8). «... denn Gott verschmäht die Seele dessen, der in Todsünde gezeugt ist, so wenig wie die eines im Vollzug der heiligen Ehe Gezeugten.»

[19] Ein eigentlicher Hymnus auf die «pazienzia» ist an Raimund von Capua gerichtet (104); vgl. auch unten S. 65–67 und Dialogo S. 203: «... la pazienzia, reina, che tiene la signoria e signoreggia tutte le virtù, perché ella è il mirollo della carità», und S. 259.

sich der Begriff der Demut – auch die *umilità* ist eine Tugend, zu der Katharina ihre Partner ermahnt, ohne dass wir ihren Briefen immer entnehmen könnten, ob ein bestimmter Anlass sie dazu bewogen hat (z. B. 83, an einen adligen Spiritualen). Die Askese – Weg des Verzichts, des Gehorsams, der Demut – leitet die Seele zu Gott, der uns «in seiner Gnade mehrere Lichter gegeben hat: das erste, dass wir die Welt verachten; das zweite, dass wir den Leib kasteien; das dritte, dass wir die Ehre Gottes suchen [vgl. Joh. 7, 18]. Gefährdet diese Vollendung nicht durch den geistlichen Willen; sondern geht von dem Tisch der Kasteiung weiter und gelangt zu dem Tisch des Gottesverlangens, wo die Seele in allem dem eigenen Willen erstorben ist» (64, an den Augustiner-Eremiten William Flete).

*

«Sowie das vernunftbegabte Geschöpf mit sinnlicher Eigenliebe sich selber liebt, fürchtet es sich; und es fürchtet sich deshalb, weil es seine Liebe und seine Hoffnung auf ein schwaches Ding gerichtet hat, das keinerlei festen Bestand in sich hat, sondern vergeht wie der Wind» (242). Man könnte einen Widerspruch darin sehen, dass Katharina einerseits zu radikaler Verneinung der eigenen Person mahnt und andererseits immer wieder die Selbsterkenntnis zur unabdingbaren Pflicht erklärt. Es ist aber das Bild der Zelle, das ihr zur Erläuterung ihrer Lehre dient, und an Ordensleute – an zwei Nonnen und an einen Bruder des Konvents von Monte Oliveto – wendet sie sich mit der Aufforderung, sich nicht allein in die «abitazione attuale della cella», sondern auch in «eine andere Wohnung» einzuleben, die sie stets mit sich tragen, «die Zelle der wahren Kenntnis deiner selbst, in der du zur Erkenntnis der Güte Gottes gelangst» (49, ebenso 73). In diese Zelle sollen wir «flüchten», nicht damit wir uns mit uns selbst beschäftigen, sondern damit wir «das Holz des allerheiligsten Kreuzes umfangen, uns im Blut des demütigen und unbefleckten Lammes baden und jeden Verkehr meiden, der unserem Heil zum Schaden gereichen würde» (76).

Solche Selbsterkenntnis hat kaum noch etwas mit dem «Nosce te ipsum» der Antike zu tun. Nicht uns, sondern Gott begegnen wir in der Zelle, zu der unser Selbst wird, wenn wir es recht erkennen. Aber – und das wird sich nun als entscheidende Wendung herausstellen – wir können Gott auch nicht anders begegnen und nirgends sonst. Unser geistiges Leben schöpft seine ganze Kraft aus dem Blut Christi – aus der Opfer- und Liebestat, durch die sich Gott auf die Menschheit eingelassen hat («Dio è amore», 146) –, und so sind wir nicht weniger der Ort, auf den Gott immerfort zugeht, als wir die «forestieri e pellegrini» sind, die auf ihn zu *durch die Welt* gehen müssen; «pellegrina e viandante» nennt Katharina sich selbst, in Anlehnung an den ersten Petrusbrief (2, 11), den sie oft zitiert. Auf ihrem Gang durch die Welt zu Gott soll die Seele nicht zurück, nicht auf sich selber blicken («non sta a vollare el capo indietro, cioè a vedere sé medesimo»: 183, an den Erzbischof von Otranto). Gerade die Selbsterkenntnis, durch die wir unserer Sendung gewiss werden, bewahrt uns davor, an die eigene Person gebunden zu bleiben;[20] sie weist uns die Richtung, in der wir voranschreiten müssen in unserem Tun, und dieses Voranschreiten darf kein Zögern kennen. Wir wissen nicht, wieviel Zeit uns bleibt; darum: «Ora è il tempo» (100 und öfter); und immer wieder: «Wartet nicht auf die Zeit, denn die Zeit wartet nicht.»

Auch dieser scheinbare Widerspruch: dass wir die Welt verachten und vor ihr flüchten und dennoch in ihr verant-

[20] Vgl. auch Alois Haas, Christliche Aspekte des «Gnothi seauton». Selbsterkenntnis und Mystik. Zeitschrift für deutsches Altertum und deutsche Literatur 110 (1981) 71–96.

wortlich handeln sollen, löst sich auf im Konzept eines geordneten, im Gehorsam gegründeten Verhaltens, das erst ermöglicht wird durch die Befreiung von irdischen Bindungen und im Wirken einer Liebe, die nicht mehr «das Ihre sucht». Solches Verhalten orientiert sich an Tugenden, die «verschieden sind, aber alle im Zeichen der Liebe stehen [...]; die Heiligen sind alle den Weg der Liebe gegangen, aber auf verschiedene Weisen, so dass keiner dem anderen gleicht» (39). Doch innerhalb dieser Vielfalt muss der einzelne sich entscheiden: er darf nicht bald einem, bald einem anderen geistlichen Rat folgen; denn jeder von ihnen mag sich auf seine Weise aus der Liebe rechtfertigen, doch jeder vertritt eine andere Lehre, und wer sich nach allen richten will, dessen Seele wird am Ende als «Witwe eines jeden» dastehen (82).

Die Mahnung, sich tapferen Sinnes («con cuore virile») der je eigenen Sendung in der Welt zu unterziehen, ergeht nun nicht nur an Ordensleute und Laien in Katharinas Umkreis, sondern an alle Personen, die sie im jeweiligen kritischen Augenblick und innerhalb eines kirchlichen oder profanen Aktionsfelds als Verantwortungsträger erkennt; wobei es für sie so etwas wie einen «rein profanen» Bereich nicht gibt: die Kirche ist in allem präsent und die *salus Ecclesiae* immer die Hauptsorge. So wendet sie sich an die Regenten von Siena mit der Aufforderung, sich von der Eigenliebe freizuhalten, aus der die Furcht stammt (123),[21] und sich als wahre Herren – nämlich als Herren über die eigenen Begierden – zu erweisen, weil sie nur so «auf rechte Weise die zeitliche Herrschaft innehaben» können, die ihnen Gott in seiner Gnade verliehen hat – und nur wenn sie die Diener Gottes, die Priester, nicht gegen sich aufbringen; «was ihr an ihnen tut, das tut ihr Christus an» (121).[22]

[21] Vgl. auch unten S. 90–94.

[22] In solchem Zusammenhang ist stets zu beachten, dass Katharina mit dem Wort «Corpus mysticum» die Geistlichkeit meint.

Oder an den Senat von Lucca (168): «Wer sich um seiner selbst willen liebt, kümmert sich nicht um den Schaden, den sein Bruder erleidet, oder um die Schmähung und Kränkung, die Gott erfährt, weil er nur auf sich selber mit sinnlicher und nicht von Vernunft geleiteter Liebe schaut. Und aus diesem Grund können die Staaten der Welt nicht genügen, weil man hier nicht auf die Ehre Gottes und auf die heilige Gerechtigkeit achtet, sondern nur auf sich selbst.» Und an einen Senator von Siena (338): «Wie kann der Mensch jemals die Tugend der heiligen Gerechtigkeit haben, wenn er sich nicht zuerst seiner Eigenliebe und aller menschlichen Freuden entäussert ...»

*

So schält sich der enge Zusammenhang zwischen den theologischen Überzeugungen und den politischen Vorstellungen Katharinas heraus. Nicht sich selber, sondern in sich selbst nur Gott – und den Nächsten nicht anders zu lieben als um Gottes, des Schöpfers, willen: diese Grundforderung gilt für den Gläubigen, wenn er zum Seelenheil gelangen, und sie gilt für die Menschheit, wenn sie in einer gerechten Ordnung leben soll. In der Sprache der Hagiographie weist Raimund von Capua auf diese Verbindung hin, wenn er erzählt, dass die Heilige sich gesträubt habe, in die Welt zu gehen, dass aber Gott ihr zugesprochen und ihr aufgetragen habe, um der Gerechtigkeit willen «nicht mit einem Fuss, sondern mit zweien voranzuschreiten und mit zwei Flügeln zum Himmel zu fliegen».[23]

Sie weiss, dass sie sich Missverständnissen aussetzt, wenn sie in der Welt «zum Rechten sieht» (so wie sie andererseits über Verdächtigungen zu klagen hat, die ihrem heiligmässigen Lebenswandel und ihrer Einflussnahme auf geistliche

[23] Legenda maior, zit. S. 883.

Zöglinge gelten; 93, 247). In Siena muss sie sich gegen den Vorwurf verwahren, sie greife zugunsten einer Familie in Besitzverhältnisse ein. Sie lebe, schreibt sie, einzig für die Ehre Gottes und das Heil der Seelen in aller Welt und besonders in ihrer Vaterstadt, wo sie die Menschen der Herrschaft Satans entreissen, mit Christus und miteinander versöhnen wolle; *das* seien die Verhältnisse, um welche sie und die Ihren besorgt seien (122).

Versöhnung – «Friede auf Erden» – um den Preis der Selbstverleugnung. «Die Eigenliebe», schreibt sie an die Obrigkeiten von Bologna («carissimi fratelli e signori», 268), «wird der Stadt der Seele zum Verderben, und sie richtet die irdischen Städte zu Grunde»; denn aus ihr entstehen die Ungerechtigkeiten.[24] Und an die Königin von Neapel (133): «Ihr müsst auf zwei Arten für Gerechtigkeit sorgen. Zuerst, indem Ihr selbst zum Ruhm und zur Ehre des Schöpfers erkennt, dass Ihr alle Gnade von ihm und durch ihn empfangt, während Euer Teil die Sünde und das Elend ist [...] Und dann, indem Ihr Gerechtigkeit übt und wahrt über die Geschöpfe durch den Staat in Euerem Königreich.» Das erste Gebot der Gerechtigkeit besteht aber im Gehorsam gegen die Kirche, gegen den Papst. Wer sich dieser höchsten Autorität widersetzt, fällt von Christus ab, wer den «dolce vicario» nicht achtet, der verachtet das Sakrament, das er verwaltet – das Blut Christi (171)–,[25] und verfällt dem Tod, Gott selbst wendet sich von ihm ab; wie Katharina der Signoria des rebellischen Florenz («figliuoli miei dolcissimi», 207) vorhält. Das weltliche Regiment muss der Kirche auch dann die Treue halten, wenn – wie in der Toskana – der Unfriede von päpstlicher Seite gestiftet

[24] Vgl. auch unten S. 107–109.

[25] Vgl. auch unten S. 95. – Das Wort «dolce» ist, so wie Katharina es verwendet, unübersetzbar; man muss es als affektive Auszeichnung ohne charakterisierende Absicht verstehen. Sie nennt auch den Apostel Paulus «dolce».

wird (168). Bei aller Kritik am Verhalten des Klerus hält Katharina, nicht dem genauen Wortlaut, aber der Sache nach an der Lehre Bonifaz' VIII. fest, dass den Nachfolgern des Apostelfürsten alle Geschöpfe um des Heils willen botmässig sind.[26]

Die Kritik aber, die ihre Parteinahme für die Kirche begleitet, ist unnachsichtig und zeitweise unbarmherzig. Einem Nuntius schreibt sie, er müsse gemeinsam mit dem Heiligen Vater die Wölfe und Teufel in Hirtengestalt aussondern, die nichts als Essen und schöne Häuser und stattliche Pferde im Kopf hätten. «Wehe, was Christus am Holz des Kreuzes erwirkt hat, wird mit den Huren vertan.» Selbst wenn es ihn das Leben kostete, müsse er den Papst auffordern, solchem Unrecht zu wehren. «Und wenn es Zeit wird, die Hirten zu Kardinälen zu machen, sollen sie nicht durch Schmeicheleien und Geld und durch Simonie dazu kommen» (109). Und an den Papst selbst: «Legt Hand an, um den Gestank der Diener der heiligen Kirche zu vertreiben; reisst die stinkenden Blumen aus und pflanzt duftende Blumen, tugendhafte Männer, die Gott fürchten» (270); er müsse die ungenügenden Hirten und Helfer der Kirche bestrafen (285), die voller nichtswürdiger und verbrecherischer Laster seien und die ganze Welt verpesteten (291). Die ersten beiden hier zitierten Briefe sind an Gregor XI., der dritte ist an Urban VI. gerichtet; auch hier sagt Katharina immer das gleiche und jedem gleich; als es aber zum Schisma kommt, das sie schon unter Gregor vorausgesagt haben soll,[27] wird der Abfall von Urban, «Cristo in terra, vero e sommo Pontefice» (322), zum Hauptübel der Kirche. Und die Strafpredigt, die sie den abtrünnigen Kar-

[26] Mirot, La politique pontificale, zit S. 89, über Katharina: «Sa conception politique embrassait une sorte de République universelle, comprenant non seulement la Chrétienté, mais l'univers, et dont le Pape serait le chef.»

[27] Legenda maior, S. 924.

dinälen Corsini, Borzano und Orsini hält (310), ist wohl das Schärfste und Härteste, das sie geschrieben hat.[28]

Sie kennt, wenn es um die *salus Ecclesiae* geht, keine Standesunterschiede. Einem Sano di Maco und anderen «figliuoli» in Siena wirft sie die Unvollkommenheit ihres Glaubens vor (62), der ein blosses Strohfeuer sei und nichts als schwarzen Rauch und ein dunkles Gewissen hinterlasse (294). Den Bischof von Florenz fordert sie auf, «aus dem Schlaf der Nachlässigkeit zu erwachen» (88). Dem Grafen von Fondi – die Stadt, wo 1378 der Gegenpapst Clemens VII. gewählt wurde – hält sie vor, dass seine Seele verwildert sei («insalvatichita», 313). Die Königin von Neapel sollte Licht spenden, um die Finsternis zu erhellen, doch da sie sich von der Kirche abwendet, wirft sie die Finsternis über das Licht, und so werden Seele und Leib ihr durch göttlichen Richtspruch zerstört werden (312, 317, 348). Katharina spricht von ihrer Sorge um den Zustand der Kirche nicht anders, wenn sie einem Schneider in Florenz schreibt (sie bete für die Erneuerung «della dolce sposa di Cristo, la quale vediamo venire in tanta tenebra, e in tanta ruina», 176) oder an den Kardinal von Porto («della santa Chiesa, che è tanto impalidita», 177), an Raimund von Capua («schioppo, e non posso schioppare del desiderio ch'io ò della rinovatione della santa Chiesa, per onore di Dio e salute d'ogni creatura», 211), an einen Prior in Siena[29] oder an den Papst.

*

[28] Unten S. 138–140. Vergleichbar allenfalls, was sie einer Frau in Perugia schreibt, die zur Prostituierten geworden ist.

[29] «Oh, wie hässlich ist dieser elende Weinberg anzusehen, der zu einem Wald geworden ist voller Dornen der Habsucht, voller Dornsträucher des Zorns und der Ungeduld und voll vieler giftiger Kräuter. Und aus einem Garten ist sie zum Viehstall geworden» (321).

Wenn Katharina versucht, die irdischen Machthaber von ihrem Eigennutz abzubringen und sie zur Eintracht in und mit der zwar fehlbaren Kirche, die doch immer die Kirche Christi bleibt, zu bewegen, und wenn sie andererseits den Papst bittet, den Widerspenstigen zu verzeihen und ihnen die Rückkehr zum Gehorsam nicht schwerer als nötig zu machen,[30] so verrät sich darin nicht nur ihre Sorge um das Seelenheil aller und um die Gesundung des *corpus mysticum,* sondern noch eine weitere Priorität ihrer geistlichen Weltsicht: der Kreuzzug. «La guerra si mandi sopra l'infedeli, dove debba andare»: die Christen sollen Frieden halten untereinander, den Krieg aber in das Heilige Land tragen (252).[31] Eine gedankliche Verknüpfung von Kirchenreform und Kreuzzug ist in Katharinas Briefen nicht zu erkennen. Die beiden Aufgaben erscheinen als fraglos notwendig – ebenso wie die Rückkehr des Papstes nach Rom – und müssen daher vereinbar sein; wie immer sie sich dann zueinander verhalten mögen. Dass die inneren Streitigkeiten in der Christenheit aufhören müssen, damit es gelingt, die Kräfte für die Eroberung Jerusalems zu sammeln – das ist eine pragmatische Überlegung, die Katharina deshalb anstellen kann, weil solche Streitigkeiten ihrerseits fraglos ein Ärgernis sind. Dass aber eine Christenpflicht der anderen im Weg stehen könnte, ist für sie undenkbar. Sie kennt, wo es um die Verwirklichung des von

[30] An Gregor XI. (252): «Pace, pace, santissimo Padre! Piaccia alla santità vostra di ricevere e'vostri figliuoli, che hanno offeso voi, padre ...» Vgl. 209.

[31] An einen Söldnerführer (140): «Kämpft nicht mehr gegen die Christen» sondern «gegen die ungläubigen Hunde, die unsere heilige Stätte besitzen», die Stadt des Friedens, «wo die göttliche Barmherzigkeit uns alle zu Königen und Gebietern macht ...» Vgl. Francesco Petrarca, Trionfo della fama, II, 142–144: «Ite superbi, o miseri cristiani,/ Consumando l'un l'altro e non ci caglia / Che il Sepolcro di Cristo è in man di cani.»

Gott uns Aufgetragenen geht, weder Unter- noch Nachordnung. Und insofern Politik mit Relativierungen arbeitet, ist hier die Grenze ihrer politischen Wirksamkeit vorgezeichnet.

Ihr Werben für den Kreuzzug besteht aber nicht nur in oft wiederholten Aufrufen an den Papst und an Kleriker, die ihren Einfluss auf ihn geltend machen sollen.[32] Einflussreiche Persönlichkeiten wie Gabriele Piccolomini in Siena (128) und Niccolò Soderini in Florenz (131) sollen sich und die Ihren zu dem grossen Unternehmen, zu dem «santo passaggio» in das Heilige Land rüsten. Den Prior der Cavalieri di San Giovanni di Pisa, den die in Avignon versammelten Rhodos-Ritter nach Venedig entsandt haben, um dort militärische Unterstützung zu suchen, fordert Katharina – vielleicht aus gegebenem Anlass – zum Kampf gegen die eigene Sinnlichkeit und zum Krieg gegen die Ungläubigen auf (256): «Orsù virilmente, senza veruno timore servile, alle due battaglie, che Dio v'ha posto!» Heerführern wie dem frommen Conte di Conti in Florenz (257) und dem berühmten Tommaso d'Alviano (259) führt sie ihre christlichen Pflichten vor Augen. Den Herzog von Anjou beschwört sie, die «santa e dolce operatione», die Gott ihm anvertraut habe, nicht hinauszuzögern; eher solle er die zeitlichen Angelegenheiten aufschieben als die geistlichen – zu denen sie also den Kreuzzug rechnet (237). Mit ähnlichen Worten ruft sie die Hilfe der Königin Elisabeth von Ungarn an: sie solle ihren Sohn, Ludwig den Grossen, zu dem «santo e dolce passaggio sopra i cani malvagi infedeli» auffordern (145); denn es sei für die Christenheit eine grosse Schande, den heiligen Ort, der «per ragione» ihr

[32] An Gregor XI. 196 («Rizzate, babbo, tosto el gonfalone della santissima croce»); 185, 238, unten S. 130f.; an den Apostolischen Protonotar Niccolò da Osimo, 181; an Kardinal Orsini, 101; an den Erzbischof von Otranto, 183.

gehöre, jenen zu überlassen. «Bedenkt doch – *fatevi ragione* –: wenn Euch eine Euerer Städte genommen würde ...»

Diese Briefe sind um die Mitte der siebziger Jahre geschrieben, und so kann sich Katharina noch, zwischen Juli (?) und September 1375, mit besonderem Nachdruck an die «reverendissima e carissima madre» Johanna von Anjou, die Königin von Neapel, wenden (133, 138, 143); wobei sie auch ihr zuerst eine theologische Grundlegung ihrer politischen Aufgaben vermittelt, ehe sie ihr mit den gleichen Worten wie kurz zuvor dem gefürchteten Söldnerführer Giovanni Acuto (Hawkwood)[33] die «perpetua città di Gerusalem visione di pace» ans Herz legt, «dove la divina clementia ci farà tutti re e segnori» – wobei sie die Unterscheidung zwischen dem irdischen und dem himmlischen Jerusalem wohl mit Absicht aufhebt. Sie hat aber zuvor die Adressatin daran erinnert, dass sie den Titel «reina di Jerusalem» führt und deshalb als «capo e cagione di questo santo passaggio» gelten muss. Das verpflichtet sie zu tatkräftiger Unterstützung des Kreuzzugsplans, den der Papst nun – Katharina fügt hinzu: «secondo che mi pare intendare» – ausführen will. Und unter dieser (tatsächlich unsicheren) Voraussetzung korrespondiert die Heilige mit grösseren und kleineren Machthabern: Mariano IV. von Arborea oder sein Sohn Ugo sagt ihr persönlich seine auf zwei Jahre befristete Beteiligung mit zehn Schiffen, tausend Reitern, dreitausend Mann Fussvolk und sechshundert Bogenschützen zu (66); und ein Abgesandter der Königin von Zypern hat sie besucht, um sich danach an den Papst zu wenden, der seinerseits die Genuesen ermahnen will, sich zu rüsten. «E' fatti del passaggio continovamente vanno di bene in meglio», berichtet Katharina befreundeten Ordensfrauen in Siena (132).

So eifrig sie sich für das Unternehmen verwendet, so we-

[33] Vgl. oben Anm. 31.

nig verliert sie jemals ein Wort für die Rechtfertigung des Kreuzzugs. Schon der Gedanke, dass er einer Rechtfertigung bedürfen könnte, ist ihr anscheinend fremd. Der Weg der Mystikerin von den Glaubenswahrheiten in die Weltverhältnisse führt nicht über die Reflexion. Dass Jesus von Nazareth in Bethlehem geboren worden und zu Jerusalem gestorben und auferstanden ist: das Heilsgeschehen, beständig-inständig vergegenwärtigt, muss unser Handeln unmittelbar bestimmen. Das Heilige Land gehört *per ragione* den Christen und nicht den «ungläubigen Hunden»; mit der *ragione* ist nur das Sehen des Offenbaren gemeint. Das Schimpfwort, mit dem die Muslime, die Türken, bedacht werden, ist ein Fremdkörper in Katharinas Vokabular; muss man es so verstehen, dass sie den Nichtchristen die Zugehörigkeit zu der «umana generazione», mit der sich Christus vermählt hat, ausdrücklich aberkennt? Es erklärt sich wohl eher von der Vorstellung her, dass die Ungläubigen, sobald ihnen die heilige Stätte entrissen wird, ihrerseits «den Händen der Dämonen entrissen werden, auf dass sie am Blut des Gottessohns teilhaben wie wir» (133) – dass sie durch die Taufe zu ihrer Menschlichkeit finden. Die Formel «sangue per sangue» (143) ist also nicht nur als Kampfparole, sondern zugleich als Verheissung zu lesen; und wie immer die eine sich zu der anderen verhält, sie sind beide durch heilsgeschichtliche Notwendigkeit gerechtfertigt.

*

«Io schioppo [scoppio]», so drückt sie – bestärkt durch die Kreuzzugsbulle Gregors XI. vom 1. Juli 1375 – ihre dringende Hoffnung auf einen baldigen Kriegszug in das Heilige Land aus; «ich brenne darauf», wäre die entsprechende Wendung. Wo es um die heiligen Pflichten der Christen und im besonderen des *corpus mysticum* – der Geistlichkeit – geht, ist die *pazienzia* keine Tugend, vielmehr verkehrt sie sich in das Laster der *negligenzia.* Wenn Gott darüber Klage führt, dass seine Braut, die Kirche, von Aussatz befallen, unrein und eigensüchtig, hochfahrend und habgierig ist,[34] dann darf sie, die ihn hört, keinen Aufschub der Reformbemühungen dulden. Und wenn kein Zweifel daran bestehen kann, dass dem Stellvertreter Christi der Sitz des Apostels Petrus zukommt, dann darf der Papst nicht zögern, von Avignon nach Rom zurückzukehren. «Venite venite» – «leistet dem Willen Gottes nicht länger Widerstand» (196). Der Kampf gegen solche Widerstände ist der Inhalt der Politik Katharinas; ihre Diplomatie hat nie einen anderen Zweck; darum ist sie auch nicht «diplomatisch». Sie weiss, was geschehen muss – der Legende nach weiss sie auch, was geschehen *wird* –, und wer es nicht weiss oder noch nicht wissen will, dem sagt sie es nochmals und mit den gleichen Worten ein drittes, ein viertes Mal. Das bedeutet – wie man im einzelnen sehen wird – nicht, dass sie auf den Charakter und selbst auf die Situation des jeweiligen Partners nicht achtete. Ihre Zweifel an der Entschlussfähigkeit Gregors XI. oder an der Ausgeglichenheit Urbans VI., seines Nachfolgers,[35] sind offenkundig, und sie stellt die mit Recht vermuteten Mängel ihrer «Natur» in Rechnung.

Auch soll Urban VI. seinerseits die Gemütsverfassung seiner Römer («la condizione de' figliuoli vostri romani») richtig einschätzen (370), die sich «eher mit Milde als mit anderer Macht oder mit scharfer Rede lenken und binden lassen»; und Katharina bittet ihn «demütig, darauf zu achten, dass Ihr stets das versprecht, was Ihr auch ganz so halten könnt, damit nicht Schaden, Schande und Verwirrung die Folge sind». Sie spricht ihm Mut zu, als die Wahl eines

[34] Dialogo, S. 45.

[35] «Mitigate un poco per l'amore di Cristo crocifisso quelli movimenti súbiti, che la natura vi porge» (364).

Gegenpapsts droht, und klagt mit ihm, da Clemens VII. trotz all ihrer Mahnungen – an Florenz, Siena, Perugia (337–339) – am 31. Oktober 1378 gekrönt worden ist (305, 306). Auch hier wieder: «Wehe meiner verirrten Seele, der Ursache all dieser Übel! Ich habe vernommen, dass die leibgewordenen Dämonen [die schismatischen Kardinäle] nicht Christus auf Erden gewählt, sondern den Antichrist gegen Euch, Christus auf Erden, ins Leben gerufen haben ...» Und wahrscheinlich zum folgenden Weihnachtsfest schickt sie dem Papst «in dieser süssen Bitternis, auf die der Trost vieler Süsse folgt», bittere Orangen mit Honig (346): ein Hinweis auf den schon beinahe vertrauten Umgang, den sie – in Rom nun – mit dem Papst pflegen kann (346). Katharinas wohl letzter Brief an Urban VI. (371) gleicht in seinem Bekenntnis-Charakter den Eröffnungen, die sonst nur Raimund von Capua von ihr vernimmt.[36]

Ihr Kampf gegen Clemens VII. aber findet ihren für uns sichtbaren Höhepunkt in den vier Briefen, die sie am 6. Mai 1379 an die Compagnia di San Giorgio, an die Königin von Neapel, an die Römer und an den König von Frankreich gerichtet hat (347–350). «Ich wundere mich», schreibt sie an Karl V., «dass ein Katholik, der Gott fürchten und ein Mann sein will, sich wie ein Kind lenken lässt und dass er nicht sieht, wie er sich und andere in solches Verderben stürzt, da er das Licht des heiligsten Glaubens durch Rat und Spruch derer trüben lässt, die wir als Glieder des Dämons [des Teufels] erkennen und als verdorbene Bäume, deren Fäulnis sich uns durch das Gift der Ketzerei offenbart, das sie eben jetzt ausgesät haben, indem sie erklären, dass Papst Urban VI. nicht der wahrhafte Papst sei» (350). In der Sache nicht weniger hart, aber im Ton einer letzten, der eigenen Vergeblichkeit wohl bewussten seel-

[36] Unten S. 143–145.

sorglichen Mahnung hält sie der Königin Johanna vor, dass ihr die «Rute der göttlichen Gerechtigkeit» drohe,[37] wenn sie in ihrer Parteinahme für Clemens VII. verharre. Wo Katharina aber noch Gehör zu finden hofft – beim König von Ungarn (357) oder bei den Regenten von Siena (367) –, bringt sie ein (sei es auch schon erschüttertes) Vertrauen in die Einsicht der Partner zum Ausdruck: König Ludwig werde doch nicht dulden, «dass der Antichrist [...] und ein Weib unseren ganzen Glauben ins Verderben und in Finsternis und Verwirrung stürzen», oder die Bitternis nicht bedenken, mit der Papst Urban sehe, dass seine Schafe dem Höllenwolf ausgeliefert würden.[38]

Sie tut in dieser Krise, so wie in ihrer Auseinandersetzung mit all den anderen, vielen Konflikten, die ihr begegnen, das Menschenmögliche – und weiss, dass es zu wenig ist. Doch so, wie sie die Legitimation zu ihrem Tun von keiner irdischen Autorität erhalten hat, so liegt auch die letzte Verantwortung für das Gelingen oder das Scheitern ihrer Sendung nicht bei ihr, die sich ganz dem Dienst an Gott und seiner Kirche geweiht hat. «Ich armselige und unwissende Tochter», so schreibt sie kurz vor ihrem Tod dem Papst (364), «werde nie ruhen, solange er mir die Gnade gibt. Ich will mein Leben für Euch und für die heilige Kirche in beständigem Klagen, Wachen und gläubigem, demütigem und beständigem Beten beenden. Das wird Gott mir gewähren; denn aus mir selber würde ich nichts vermögen.»

37 Sie versteht so anscheinend Jer. 1, 11 («Virgam vigilantem ego video»).

38 «E sosterrete voi che Anticristo membro del dimonio, e una femmina [die Königin von Neapel] mettano a ruina e in tenebre e confusione tutta la fede nostra? [...] Abbiate compassione del padre nostro, papa Urbano VI, che sta con grande amaritudine di vederne portare le pecorelle sue al lupo infernale» (357).

ZUSPRUCH UND MAHNUNG

An Matteo di Francesco Tolomei (94)[1]

Der Adressat, aus einer mächtigen Sieneser Adelsfamilie stammend, hat sich Katharina noch als Laie angeschlossen und ist von ihr dem Dominikanerorden zugeführt worden. – Ihr Brief an ihn beginnt mit der Aufforderung, Gott «in Wahrheit» zu suchen, nicht durch Vermittlung der Sinne oder eines anderen Geschöpfs: nicht aus Anhänglichkeit an einen Menschen; womit Katharina sich selbst meinen könnte. Gott hat sich uns zugewandt, ohne davon einen Nutzen zu haben, und auch wir sollen nicht um des eigenen Nutzens willen Gott dienen; und doch ist der Nutzen unser. «Zu ihm kehrt die Blüte zurück, indem wir ihn ehren; uns bleibt die Frucht. Er hat uns geliebt, ohne geliebt zu werden; wir aber lieben, weil wir geliebt werden: er liebt uns aus Gnade, und wir sind ihm unsere Liebe schuldig.» Wir können Gott nicht von Nutzen sein und ihn nicht lieben, so wie er uns, mit ungeschuldeter Liebe. Doch können wir, um ihm unsere Liebe zu zeigen, jedem vernunftbegabten Geschöpf dienen und es lieben, ob es nun selber uns hasst oder liebt. Denn Gott liebt die Sünder und die Gerechten.

«Zwar liebt er den einen wie einen Sohn, den anderen wie einen Freund, diesen wie einen Diener und jenen wie

[1] Die Schreibweise der Original-Stellen variiert je nach Vorlage: wo der Text nach der von Eugenio Duprè Theseider begonnenen Ausgabe (s. oben S. 7, Anm. 1) zitiert werden konnte, wird dies vermerkt.

einen, der sich von ihm getrennt hat und zurückkommen möchte; und das sind die Sünder, die Ungerechten, die der Gnade entbehren. Wie zeigt Gott aber diesen seine Liebe? Indem er ihnen die Zeit gibt; und in die Zeit legt er vielerlei Mittel. Durch Reue, wenn ihnen der Ort und die Macht fehlt, soviel Böses zu tun, wie sie wollen, oder durch irgend andere Weisen bringt er sie dazu, das Laster zu hassen und die Tugend zu lieben, und nimmt ihnen den Willen zur Sünde. Und so, durch die Zeit, die ihnen Gott aus Liebe gegeben hat, werden die Feinde zu Freunden und gelangen zur Gnade und können in das Erbe des Vaters[2] eintreten.» – Und nun hält Katharina ihrem Schüler den Spiegel vor, in dem er sich selber erkennen soll: Wen Gott wie einen Sohn liebt, der dient ihm in Wahrheit ohne knechtische Furcht, er hat seinen eigenen Willen ertötet und dient, Gott gehorsam bis in den Tod[3], jedem vernunftbegabten Geschöpf. Er ist kein Söldner, der ihm zu eigenem Nutzen dient (ein anschaulicher Vergleich im Italien jener Zeit), sondern ein Sohn; «und er verschmäht die Tröstungen, er freut sich über die Heimsuchungen und strebt danach, sich dem gekreuzigten Christus nachzubilden und seine Schmach, seine Mühen und Qualen in sich aufzunehmen. Er dient Gott nicht *per dolcezza nè consolazione spirituale nè temporale,* die er von Gott oder seinen Geschöpfen empfängt ...» Die Strenge der Lehrmeisterin spricht aus dieser Absage auch an den geistlichen «Genuss», wie der Pietismus ihn nennen wird.

Wir sollen Gottes Diener lieben um der Liebe willen, mit der sie den Schöpfer lieben, und die Unvollkommenen um der Vollkommenheit willen, zu der sie gelangen müssen, und die Ungerechten, die darniederliegen «im Tod der Todsünde»; denn auch sie sind vernunftbegabte

[2] Vielleicht in Anlehnung an Rom. 8, 17.

[3] Vgl. Apoc. 2, 10.

Geschöpfe Gottes. Und die uns verfolgen, verleumden, verurteilen und an uns Ärgernis nehmen, sollen wir lieben als Werkzeug und Ursache unserer Vervollkommnung, «besonders in der süssen Tugend der Geduld, die kein Ärgernis nimmt, sich nicht beirren lässt und keinem widrigen Wind, keiner menschlichen Anfechtung unterliegt».

Katharina unterscheidet den «Sohn» vom «Freund» und vom «Diener». Der Sohn sucht Gott «senza mezzo»; er folgt nicht dem Weg der Tugend, wie er sie versteht, sondern den Spuren Christi, und er verschmäht es, die Tugend mühelos zu erwerben. Der Freund dagegen ist nicht frei von der Rücksicht auf sein eigenes Wohl, das der Dienst an Gott ihm verspricht. Und der Diener lebt in Furcht vor der Strafe, der er entgehen wird, wenn er das Laster verwirft und die Tugend wählt. Wen solche Furcht und die Hoffnung auf eine Frucht des gerechten Tuns erfüllt, der ist noch nicht in der vollkommenen Gnade des Herrn; denn sowie diese Frucht ihm vorenthalten wird, wenn Verfolgung oder Verführung durch den Teufel ihm droht, fällt er in Verwirrung, da die «consolazione mentale» ihm fehlt, und die Feindschaft der Menschen erfüllt ihn mit Ungeduld.

So kann die Seele von einer noch ungefestigten zu starker und wahrer Liebe aufsteigen, und dafür gibt Petrus das Beispiel, dessen Liebe zu Christus in der Passion nicht standhielt, der aber nach dem Kommen des Heiligen Geistes die Furcht verlor und zu einer im Feuer vieler Heimsuchungen erprobten Sohnesliebe gelangte; da erst wurde er zum vollkommenen Vorkämpfer der heiligen Kirche. «Doch achtet darauf, was Petrus mit den anderen Jüngern tat, um die knechtische Furcht und die trostbedürftige Liebe abzutun und den Heiligen Geist zu empfangen, wie ihnen verheissen war. Die Schrift sagt, dass sie sich einschlossen im Haus und dort wachten und ohne Unterlass beteten;[4] zehn Tage blieben sie so, und dann kam der Heilige Geist.»

Das Haus aber, in das die Söhne – oder die «Kinder» – Gottes sich einschliessen sollen, ist das Haus der Selbsterkenntnis, «die Zelle, in der die Seele wohnen muss; und in dieser Zelle findet sie eine zweite Zelle, nämlich die Zelle der Erkenntnis der Güte Gottes. Aus der Selbsterkenntnis gewinnt sie wahre Demut und heiligen Hass auf die Kränkung, die sie ihrem Schöpfer angetan hat und noch antut; und so gelangt sie zu wahrer und vollkommener Geduld. Und in der Erkenntnis Gottes, die sie in sich gefunden hat, erwirbt sie die Tugend der heissesten Liebe; woraus sie heiliges, liebevolles Begehren schöpft.» Betend wacht sie «nicht nur mit dem Auge des Leibes, sondern mit dem Auge der Seele, mit dem *occhio dell'intelletto,* das sich nie schliessen darf, sondern stets offen sein muss, um in unaussprechlicher Liebe den gekreuzigten Christus zu schauen: hier findet sie die Liebe und ihre eigene Schuld. Denn unserer Schuld wegen hat Christus sein Blut für uns hingegeben.»

Die zehn Tage, die wir mit Wachen und Beten verbringen sollen, entsprechen den zehn Geboten, und zugleich mit diesem Gesetz befolgen wir die evangelischen Räte, die sich nicht von ihm trennen lassen. «Und wer nun in der Welt lebt, befolgt die Räte durch heiliges Verlangen im Geist, wer aber der Welt entsagt hat, muss sie im Geist und im Tun befolgen.» So wird er mit dem Beistand des Heiligen Geistes jeden Kampf bestehen und vor allem sich selbst bezwingen, indem er der eigenen Sinnlichkeit Herr wird. Und daran knüpft sich die Mahnung an den Ordensbruder: allzu vielen Verkehr meiden, in der Zelle verharren, das Chorgebet nicht vernachlässigen, nach Möglichkeit im

[4] Act. Ap. 1, 13–14. Das «Betet ohne Unterlass» (1. Thess. 5, 17) ist ein Leitmotiv in Katharinas Briefen.

Refektorium essen, wachen und beten, «um so meinen Wunsch zu erfüllen, dass ich sehe, wie Ihr Gott in Wahrheit, ohne Vermittlung sucht.»

An den Flachshändler (oder -kämmer) Romano in Florenz (72)

Die «linaiuoli», Flachshändler und -kämmer, bildeten eine der vierzehn Handwerker-Innungen von Florenz. Romano gehörte zugleich einer Bruderschaft an, die der Dominikaner Pietro da Verona (Pietro Martire) 1244 gegründet hatte. Unter dem Namen «Compagnia maggiore di Madonna santa Maria» anfänglich als Bürgerwehr im Kampf gegen soziale und religiöse Unruhestifter ins Leben gerufen, wandte sie sich nach dem Weggang ihres Initiators schon im folgenden Jahr friedlichen Werken zu und wurde zu einer Gemeinschaft von Männern und Frauen, die nach der Übernahme des Spedale di Santa Maria del Bigallo in der Nähe von Florenz (1267) den Namen «Compagnia del Bigallo» annahm.[5] – In der Absicht, aus dem bisher geübten Laienapostolat in den geistlichen Stand überzutreten, hat sich Romano an Katharina gewandt: «Ich erinnere mich», schreibt sie ihm, «dass du mit dem heiligen Verlangen und Vorsatz von mir gingst, auf Gottes Anruf zu antworten und dem heiligen Gehorsam zu leben.»

Der kurze Brief enthält die hauptsächlichen Ermahnungen, die sie an die verschiedenartigsten Korrespondenten immer wieder richtet. «... mit dem Wunsch, dass du den Kopf nicht zurückwendest, um den Pflug anzuschauen»: eine merkwürdige Variante des Worts Jesu (Luc. 9, 62):

[5] Von der «Arciconfraternità della Misericordia», mit der sie in den Jahren 1425–89 vereinigt war, hat die «Compagnia» die wahrscheinlich von Alberto Arnoldi 1352–58 erbaute «Loggetta» gegenüber dem Dom von Florenz übernommen, die man heute als «Loggetta del Bigallo» kennt.

«Niemand, der die Hand an den Pflug legt und zurückschaut, ist tauglich für das Reich Gottes.» Dann der Verweis auf Matth. 22, 11–12: wer von Christus zur Hochzeit ewigen Lebens eingeladen ist (sie sagt: «aufgefordert und eingeladen»), darf nicht ohne Festgewand erscheinen. Romano ist durch «sante e buone spirazioni e dolci desiderii» zu der Hochzeit gerufen worden, vom Heiligen Geist, der also zugleich in sein Denken und in sein Fühlen gedrungen ist. So wird er das Laster fliehen und die Welt mit all ihren Freuden verschmähen und sich vermählen mit den wahren und wirklichen (in Wahrheit verwirklichten) Tugenden. «Die Seele kleidet sich in die Liebe, und mit dieser Liebe tritt sie in das dauernde Leben ein. [...] Denn nachdem wir das Kleid der Tugend und der heissesten Liebe angetan haben, wird uns die Gnade und nach der Gnade die Schau Gottes zuteil, in ihr aber unsere Seligkeit.»

Katharina nimmt das Bild des Pflugs in genauerem biblischen Sinn nochmals auf. Romano soll «virilmente», unerschrocken, und «senza negligenzia» auf den Anruf Gottes antworten und soll bedenken, was dieser Anfang bedeutet: die Hand an den Pflug zu legen. «Die heiligen Gedanken sind es, die zu pflügen beginnen, und die Ausdauer in den Tugenden führt es zu Ende. Wer pflügt, der wendet die Erde: und so wendet der Heilige Geist die Erde des verderbten sinnlichen Wollens. Und oft sucht der Mensch, von Liebe ergriffen durch solch sanfte Nötigung und das ihm verliehene Kleid, eine scharf schneidende Pflugschar, um seine Furchen besser zu ziehen, und da erkennt und entdeckt er *(vede e trova)*, dass keine unseren Willen so vollkommen bricht und schneidet und ausreisst wie das Eisen und das Joch des heiligen Gehorsams.»[6] Unterzieht er sich aber bis zum Tod ohne Widerstand dem Gehorsam, so lernt

[6] Die Stichworte «Pflug» und «Kleid» mögen (müssen nicht) auf das Gewerbe des Adressaten abgestimmt sein.

er auch «mit den Armen anderer zu rudern, nämlich mit denen des Ordens, und nicht bloss mit seinen eigenen».

«Non so come tu tel fai» – «Ich weiss nicht», würden wir sagen, «wie du es anstellst.» Was Romano nun wolle, das solle er gut und willig und ohne Verzug tun: sich losmachen von der Welt. «Und nicht auf die Zeit warten, da du nicht sicher bist, ob du sie hast»: ein Kernsatz in der Korrespondenz Katharinas. Ebenso zentral die Wendung zu dem mystischen Bild: er soll sich im Blut des gekreuzigten Christus baden und in der Seitenwunde sich bergen, die ihm das Geheimnis des Herzens erschliesst. «Orsù, figliuolo mio, non dormire più nel sonno della negligenzia»: was nicht bedeuten muss, dass sie ihn der Nachlässigkeit verdächtigt; sie schreibt ja, dass sie über seine Entschlüsse und Schritte nichts weiter gehört hat. Mit totem, nicht mit lebendigem Willen soll er sich zu dem Abt verfügen; «denn gingest du mit lebendigem (was auch heissen kann: mit zu lebhaftem) Willen, würdest du vielleicht nicht wohl aufgenommen. [...] Und sträube dich nicht, die Bande der Welt zu lösen, sondern ziehe [ein weiteres Leitmotiv] den Dolch des Hasses und der Liebe und schneide einmal für immer.»

An Giovanna Pazza (87)

Der Brief ist an eine mit Katharina wohl eng befreundete Frau gerichtet, eine Angehörige vielleicht der weit verzweigten Florentiner Familie der Pazzi, jedenfalls aber der kirchlich gesinnten Sieneser Gesellschaft,[7] in deren Kreis die «famiglia» der Heiligen sich gebildet hat. Ein abschliessender Zuruf ist an mehrere Personen gerichtet («Or su, carissime figliuole ...»), und tatsächlich gleicht der Text ei-

[7] Der Vater Giovannas («Cini Ugonis», woraus dann «Cinughi» wurde) hat 1345 die Kartause Bel-Riguardo bei Siena gegründet.

ner Homilie, die nicht nur für die eine Empfängerin bestimmt, sondern allen zugedacht ist, die aus dem «sonno della negligenzia» zum wahren Leben erwachen wollen.

Auch sind ihre Ermahnungen hier wie in vielen anderen Fällen nicht so zu verstehen, dass Katharina der Adressatin oder den Adressatinnen eine Vernachlässigung ihrer geistlichen Pflichten vorhalten wollte. Sie und die Ihren wissen, worauf es ankommt und was wieder und wieder bedacht und gesagt sein muss. Nächstenliebe – das einzige mögliche Zeichen unserer Liebe zu Christus; auszuüben mit wahrer und wirklicher Geduld bis zum Tod, und nicht an dem Ort oder zu der Zeit unserer Wahl, sondern wie Gott es will «aus Notwendigkeit für unser Heil oder zu unserer höheren Vollkommenheit». – Das Wort *pazienzia* ist mit «Geduld» zu blass übersetzt; es sei denn, man hörte das «Dulden» noch heraus. Die Passion Jesu – das «Vater, vergib ihnen, denn sie wissen nicht, was sie tun»[8] – hat uns die *pazienzia* vorgezeichnet; denn der gekreuzigte Christus hat unser Unrecht auf sich genommen und mit seinem Blut unsere Seele gereinigt.

Katharinas Blut-Christi-Mystik findet in diesem Brief ihren stärksten Ausdruck. Seine krude Bildhaftigkeit lässt erkennen, wie rückhaltlos die «famiglia» sich über den Kern ihres Glaubenslebens verständigen konnte: «... das Blut hat unsere Blösse bedeckt, da es uns in die Gnade kleidete; seine Wärme hat das Eis aufgebrochen und die Lauheit des Menschen erwärmt; in dem Blut ist das Dunkel versunken und das Licht uns gegeben worden, in dem Blut hat sich die Eigenliebe verzehrt, denn da die Seele sich in dem Blut geliebt findet, vermag sie sich über die nichtswürdige Liebe zu sich selbst zu erheben und ihren Erlöser zu lieben, der ihr mit solchem Liebesfeuer das Leben gegeben hat und als ein Verliebter zu dem schimpflichen Tod am Kreuz

[8] Luc. 23, 34.

geeilt ist. Das Blut ist Trank und das Fleisch ist Speise geworden für alle; und so kann nichts das Verlangen des Menschen, nichts seinen Hunger und seinen Durst stillen als einzig das Blut. Wenn nämlich der Mensch auch die ganze Welt besässe, er würde nicht satt;[9] denn die Dinge der Welt sind geringer als er; und von dem, was geringer ist als er, kann er nicht satt werden. Sondern nur von dem Blut kann er satt werden, weil das Blut in die ewige Gottheit eingerührt und geknetet ist *(intriso e impastato)*, in die unendliche Natur, die grösser ist als der Mensch. Nur so kann deshalb der Mensch sein Verlangen stillen – mit dem Feuer der göttlichen Liebe: denn aus Liebe wurde [das Blut] vergossen. Dieses Blut ist uns reichlich gegeben worden: am achten Tag nach [Jesu] Geburt wurde das Fässchen seines Leibs angezapft, als er beschnitten wurde; doch war das so wenig, dass es die Geschöpfe nicht sättigte; aber als er am Kreuz hing, wurde die Lanze ihm in die Seite gestossen, und Longinus war das Werkzeug, da er das Herz ihm öffnete.[10] Als nun dieses Fass des Lebens geleert wurde und sich die Seele vom Leib trennte, wurde das Blut abgefüllt und ausgerufen mit der Posaune der Barmherzigkeit und vom Herold [eig. Trompeter] des Feuers des Heiligen Geistes; damit jeder, der von dem Blut will, sich aufmache. Wohin? Zu eben diesem Fass, dem gekreuzigten Christus; um seiner Lehre und seinem Weg zu folgen. Und welches ist seine Lehre? Die Ehre Gottes und das Heil der Seelen zu lieben; und unter Schmerzen, mit Kraft und gewaltsamer Überwindung der eigenen Sinnlichkeit die Tugenden zu erwerben.»

Das Licht des Glaubens führt uns zur Selbsterkenntnis

[9] Vgl. Matth. 16, 26.

[10] Longinus wurde schon in frühchristlicher Tradition der Soldat genannt, der seine Lanze (griech. λόγχη) dem Gekreuzigten in die Seite stiess (Joh. 19, 34); er wurde auch mit dem Hauptmann am Grab identifiziert, der in dem Auferstandenen den Sohn Gottes erkannte (Mc. 15, 39).

und zur Erkenntnis der Güte Gottes. In das Gefäss unseres Herzens aber nehmen wir das Blut Christi und die heisse Liebe auf, mit der es vergossen wurde, so wie ein Schwamm; und da berauscht sich die Seele, und wie der Trunkene, der immer noch mehr trinken möchte, so will auch die Seele, je mehr sie erträgt, immer noch mehr ertragen. «Und was sie erfrischt, sind die Leiden; und die Tränen, die sie aus dem Gedenken an das Blut gewinnt, sind ihr Trank; und die Seufzer sind ihre Speise.»[11] – Die Mystik hat ihre eigene *sensualità*, die sich ihrer selbst um so weniger schämt, je gewisser sie ihrer weltabgewandten Hingabe an den Erlöser ist.

An Tora Gambacorta (262)

Im Jahr 1375 hielt sich Katharina in Pisa auf, wo Pietro Gambacorta zu der Zeit das Regiment führte. «Ich bitte Euch», schreibt sie ihm später (149), «richtet Euere Augen auf die heilige und göttliche Gerechtigkeit.» Das kann sich, zusammen mit der Ermahnung: «Säumt nicht, die Zeit ist kurz, und ihr Ende kommt, ohne dass wir es merken», auf die unbedenkliche Amtsführung des Adressaten beziehen, die 1379 ein jähes Ende gefunden hat. Seine Tochter Teodora (abgekürzt «Tora») war wohl noch mit Simone Massa verheiratet, als Katharina sie in Pisa sah; ein erster an sie gerichteter, kaum datierbarer Brief (194) enthält keinen Hinweis auf ihre Lebensumstände. Aus diesem zweiten aber geht hervor, dass Tora – mit 15 Jahren – Witwe geworden ist. Katharinas Rat, sich von der Welt abzuwenden, hat sie befolgt; sie trat unter dem Namen Chiara in den Dominikanerorden ein und stiftete 1382 den Konvent S. Domenico in Pisa; 1830 ist sie seliggesprochen worden.

Sie wünsche, schreibt Katharina, die junge Freundin als

[11] Vgl. Ps. 80, 6.

«wahre Dienerin und Braut des gekreuzigten Christus zu sehen, so dass dir um seiner Liebe willen die Welt mit all ihren Freuden zum Überdruss wird»; denn dass diese Freuden keinen Bestand haben, das sehe sie jetzt. «Die Welt hat sich dir in grosser Schönheit und Annehmlichkeit gezeigt, sie hat [aber auch] gezeigt, dass ihre Freuden und Annehmlichkeiten vergänglich und eitel sind und Trauer erzeugen und grosse Bitterkeit für die Seele, die sie in ungeordneter Weise besitzt, und dass sie das Leben der Gnade hinwegnehmen und Tod bringen, und dass so die Seele in Armut und grösstes Elend verfällt.» Man kann heraushören, dass Katharina zu einer Tochter aus grossem Hause spricht, der die Weltentsagung nicht leichtfallen könnte: «Unserem liebsten Schöpfer zu dienen bedeutet nicht dienstbar zu sein, sondern zu herrschen» – was sie auch der Gemahlin Bernabò Viscontis zu bedenken gibt (29). Erst wenn sich die Seele von der Liebe zur Welt, von der eigenen Sinnlichkeit, von der Todsünde frei macht, wird sie zur Herrin der Welt; denn nur der besitzt die Welt ganz, der sie ganz verschmäht.

Wenn aber die Seele «etwas liebt ausser Ihm – Vater oder Mutter oder Schwester oder Brüder oder Verwandte, oder weltlichen Rang oder Reichtum –, wird sie zur Ehebrecherin» und nicht zur getreuen Braut Christi. Dieses «ausser Ihm *(fuori di lui)*» lässt zwei Deutungen zu: es kann gemeint sein, dass wir um der Liebe zu Christus willen auch die uns Nächsten nicht lieben sollen, oder dass wir sie nicht *ausserhalb* unserer uneingeschränkten Zuwendung zu Christus lieben sollen. Die zweite Interpretation stimmt mit Katharinas Verständnis der Nächstenliebe als der einzigen uns möglichen Erwiderung der Liebe Gottes überein, lässt sich aber nicht leicht auf Reichtum und weltlichen Rang ausdehnen. Jedenfalls dominiert die Aufforderung, sich von der bisherigen Existenz loszumachen; und wenn Katharina von Schwester (Einzahl) und Brüdern (Mehrzahl) spricht, mag sie über die allgemeine Weisung hinaus[12] die Familienverhältnisse der Adressatin im Auge haben.[13]

Die Empfindungen, die sie bei dieser sehr jungen Frau wohl vermuten kann, müssen vor der Sorge um ihr Seelenheil zurücktreten. «Gott hat anscheinend, wie ich gehört habe, deinen Gatten zu sich gerufen; und wenn er seiner Seele wohl achtgab, ist es mir lieb, dass er so zu dem wahren Ziel gelangt ist, für das er geschaffen war. Und da Gott dich nun von der Welt gelöst hat, will ich, dass du dich an ihn bindest; vermähle dich jetzt dem gekreuzigten Christus mit dem Ring des heiligsten Glaubens. Und kleide dich nicht dunkel, nicht in das Schwarz der Liebe zu dir selbst und zu den Freuden der Welt, sondern in das Weiss der Reinheit, und bewahre dir Geist und Leib im Stand der Enthaltsamkeit. Und über diese Reinheit lege den Purpurmantel der Liebe zu Gott und zu deinem Nächsten an, mit der Schnalle der vollkommenen Demut, mit den Tressen der wahren und wirklichen Tugenden, in demütigem und unablässigem Gebet [...] Und so geschmückt geh zum Tische des Altars, um das lebendige Brot zu empfangen, das Leben gibt, die Speise der Engel.»[14]

Christus aber, «questo dolce sposo», ist eifersüchtig: kaum sieht er, dass sich seine Braut auch nur ein wenig von ihm entfernt, entzieht er der Seele die Gnade. Darum soll Tora den weltlichen Umgang fliehen und sich andererseits vor Müssiggang hüten. «Ich weiss, du wirst viele Kämpfe bestehen müssen (vielmehr, du bestehst sie wohl schon), mit dem *dimonio*, der dich auf viele Gedanken bringt, und nicht weniger mit den *creature*», die ihr vorhalten werden, sie sei noch ein Kind, und die ihr, entgegen dem Willen Gottes, zu einem Leben in

[12] Vgl. Matth. 10, 37; Luc. 14, 26.

[13] Bezeugt ist wenigstens, dass Pietro Gambacorta zwei Söhne hatte.

[14] Vgl. Thomas von Aquin, *Adoro te devote:* «Panis vivus, vitam praestans homini»; ders., *Sacris solemniis:* «Panis Angelicus fit panis hominum».

der Welt raten werden. Sie aber soll sich Christus anvertrauen, und damit sie aus solch stürmischem Meer in den Hafen des ewigen Lebens gelange, «rate ich dir, in das Schiff des heiligen Gehorsams zu steigen» – das Ordensleben zu wählen.

An Giovanna Maconi (241, 247)

Es ist gesagt worden, Katharina sei eine Heilige der «höheren Kreise» gewesen.[15] Tatsächlich sind ihre Briefe zumeist an Personen gerichtet, die sich durch adlig-grossbürgerliche Herkunft oder durch ihren geistlichen Stand – und namentlich dadurch vom «gemeinen Volk» unterschieden, dass sie lesen konnten. Ob ihr persönlicher Umgang breiter angelegt war und wie weit ihre Lehren durch mündliche Weitergabe auch auf den Anhang führender Familien oder auf die Schutzbefohlenen kirchlicher Institutionen eingewirkt haben, lässt sich nicht sicher bestimmen. Wenn diese Lehren aber in Zweifel gezogen wurden, so dass Katharina im Jahr 1374 ihre Rechtgläubigkeit zu beweisen hatte,[16] war der Grund oder Vorwand zu der Denunziation wohl kaum die Gefahr, dass sie einfache Leute fehlleiten konnte; sondern ihr Einfluss auf eine massgebliche Gesellschaftsschicht wird Unbehagen erregt haben; ob nur im Klerus oder auch unter Laien, die sich durch ihre unerbittliche Seelsorge bedrängt fühlten – das ist wiederum ungewiss.

Dem Brief an Tora Gambacorta hat man jedenfalls entnehmen können, dass Katharina ihrer jungen Freundin einen Rat gab, oder eher: eine Weisung erteilte, von der sie wusste, dass sie der Familie nicht willkommen war. Und zwei Briefe an Giovanna Bandinelli, Gattin des Corrado Maconi, verraten eine ähnliche Spannung. Im Juni 1376 schreibt sie

[15] Robert Fawtier/Louis Canet, La double expérience, zit. S. 88.
[16] Vgl. unten S. 64.

aus Avignon an die aristokratische Freundin und Anhängerin in Siena: die «ungeordnete», allzu sehr von den Sinnen geleitete Liebe zu den Kindern und zu anderen Angehörigen sei «un mezzo tra l'anima e Dio» – womit sie nicht eine Vermittlung meint, sondern im Gegenteil: solche Liebe mischt sich in unser Gottesverhältnis, sie lenkt unsere Hingabe von dem Schöpfer auf die Geschöpfe ab. Wer aber seinen Blick ganz auf Gott richtet, so wie er sich uns zu erkennen gibt «in der Zelle der Selbsterkenntnis», wird alles, was ihm und den Seinen geschieht, als das Werk der Vorsehung und der Liebe Gottes annehmen können. Und in dieser Erkenntnis soll auch Giovanna den Schmerz und den Unwillen über den Weggang ihres Stefano – ihres Sohnes – bemeistern, der Katharina als Sekretär nach Frankreich begleitet. Und Ende November desselben Jahres aus Pisa – sie hat Stefano für diesmal entlassen (und vielleicht hat er ihren Brief der Mutter überbracht): «Die Welt strebt nach Ehre, Stand, Reichtum, hohem Ansehen der Kinder, vornehmem Umgang, Freuden und Vergnügen der Sinne, wie sie verwurzelt und gegründet sind in der verderbten Hoffart. Aber Gott sucht und will gerade das Gegenteil: freiwillige Armut, Demütigung des Herzens, Geringschätzung seiner selbst und aller Freuden und Genüsse der Welt ...»

«Und wenn Ihr mich fragt: Wie soll ich denn lieben? so antworte ich Euch, dass Ihr die Kinder und alle anderen Dinge aus Liebe zu dem Schöpfer, der sie geschaffen hat, lieben müsst und nicht aus Liebe zu Euch selbst oder zu den Kindern [...] und nicht als das Euere, sondern als das, was Euch geliehen worden ist ...» Geht es nun aber darum, dass ein Kind in den geistlichen Stand treten soll, dann dürfen wir auch das nicht um unsertwillen oder zum Nutzen des Kindes gutheissen, wie wohl «einfache Mütter» das tun (*semplici,* einfach oder einfältig – jedenfalls unter Giovannas Niveau). Sonst entziehen wir es zwar der Welt, aber wir überlassen es auch nicht Gott. Nicht wir sind es, die über seinen

Weg zu bestimmen haben, nur der Schöpfer setzt ihm sein Ziel. – So spitzt sich die Rede zu: von dem Wunsch nach «hohem Ansehen der Kinder» ist Giovanna nicht frei – auch die geistliche Laufbahn, die sie ihrem Sohn wünschen mag, könnte der Familie und ihm selbst «Nutzen» bringen –, doch wahre Liebe muss auch in den Ruf zur Armut und zur Demut einwilligen können. «So tröstet Euch in Christus *(confortatevi dolcemente in Cristo dolce Gesù)*, seid geduldig und nicht in Unruhe, weil ich Stefano zu lange gehalten habe, denn ich habe ihn wohl *in Acht* genommen; ich bin durch Liebe und durch Neigung mit ihm eins geworden und habe Euere Dinge als die meinen genommen. [...] Ihr, die Mutter, habt ihn einmal geboren, und ich will ihn und Euch und Euere ganze Familie in Tränen und Schweiss gebären, durch beständiges Beten und durch das Verlangen nach Euerem Heil.» Und sie nennt Stefano «meine neue Pflanze, die von neuem begonnen hat, Wurzel zu fassen im Garten der heiligen Kirche».

Elf kurze Briefe Katharinas an den ungefähr gleichaltrigen Schüler und Sekretär zeugen von ihrer spirituellen Fürsorge, lesen sich aber als blosse Zwischentexte zum persönlichen Gespräch. Der wahrscheinlich erste spielt auf die wohl nicht nur inneren Schwierigkeiten an, die Stefano Maconi bei der Vorbereitung seines mönchischen Lebens zu bestehen hatte (195). Nach dem Tod Katharinas wurde er Kartäuser, war von 1389 bis 1410 Generalprior seines Ordens und starb 1424 in Pavia.

An einen Ungenannten (21)

In ihren Briefen evoziert Katharina kaum je die Höllenstrafen, von denen sie in ihrem «Libro» höchst eindringlich spricht.[17] Aber ein Gedanke, den sie dort einfügt, klingt ge-

[17] Dialogo, S. 96–103.

legentlich an: Gott hat den *dimonio* – Satan – nicht in das Leben seiner Geschöpfe eindringen lassen, damit sie besiegt würden, sondern um ihnen zum Sieg über die Versuchungen zu verhelfen.[18] Auch in ihrem Brief an einen Ungenannten – «Ad uno il cui nome si tace» – droht sie dem Empfänger, offenbar einer prominenten Persönlichkeit in Siena, nur andeutungsweise mit der Verdammnis, die seinen Ausschweifungen zwar folgen müsste, sie stellt ihm vielmehr seine Rettung in Aussicht – wenn auch mit so dringenden Worten, dass man einen letzten, fast schon verzweifelten Appell zu vernehmen glaubt.

Der Text weist eine Lücke auf; der Ausruf: «Wie grausam und ruchlos hat Eure Seele, und Eure viehische sinnliche Leidenschaft, die Ihr ausser der Sünde wider die Natur ...» bricht ab; sei es, dass man den Adressaten, sei es, dass man die Heilige abschirmen wollte, die hier gezeigt haben mag, dass ihr «nichts Menschliches fremd» war. Ihre Vorhaltungen bleiben drastisch genug. Zuerst spricht sie im allgemeinen von denen, die sich nicht als die Schuldner erkennen wollen, die sie durch den erlösenden Opfertod Christi geworden sind, sondern «aus ihrem Leib einen Stall machen, in dem sie wilde, vernunftlose Tiere halten». Dann aber direkt: «... schlaft nicht länger im Tod der Todsünde. [...] Seid nicht grausam gegen Euch selbst, seid nicht der Henkersknecht, der Euch von Euerem Haupt trennt. Keinen Unrat mehr, keine Fäulnis! [...] Oh unwissend diebischer Schuldner, wartet nicht mehr auf die Zeit; bringt dem gekreuzigten Christus Eueren Geist, Eure Seele und Euern Leib dar. [...] Gebt Gott, was Gottes ist[19] und der Erde, was der Erde gehört. [...] Bleibt nicht so, um der Liebe des ge-

[18] Dialogo, S. 109: «E in questa vita gli ò posti a tentare, molestando le mie creature; non perché le mie creature sieno vinte, ma perché esse vincano e ricevano da me la gloria della vittoria, provando in loro le virtù.»

[19] Matth. 22, 21.

kreuzigten Christus willen!» Und nun allerdings: «Denn ich versichere Euch, dass Gott solches Unrecht und solche Abscheulichkeit nicht ertragen wird, wenn Ihr Euer Leben nicht ändert.»

Sie geht noch weiter: «Nicht nur Gott, der höchste Reinheit ist, sondern die Dämonen können das nicht ertragen: alle anderen Sünden sehen sie gern, nur diese Sünde wider die Natur nicht. Seid Ihr denn ein Vieh oder ein wildes Tier? Dabei habt Ihr doch die Gestalt eines Menschen ...» Man errät, es geht um einen Fall von «Sodomie». Die Frage, die Tommaseo in seinem Kommentar aufgeworfen hat: ob der Empfänger des Briefs ein Priester gewesen sei, muss wohl offenbleiben; dass Katharina über sich selber klagt, als würde auch ihr Gewissen belastet,[20] könnte darauf hindeuten; ebenso jene Lücke im Text. Aber auch die Wendung: «Folgt der Vernunft *come buon giudice*» kann sich auf den Stand des Adressaten – den sie einmal als «Signore» anredet – beziehen.

Nachdem sie aber dem Sünder mit stärksten Worten und wiederholten Ausrufen ins Gewissen geredet hat, lässt sie die Hoffnung auf Gottes Erbarmen aufleuchten: durch Umkehr, durch Beichte und Reue kann auch der Schuldigste der Verdammnis entgehen. Also «säumt nicht», und wieder das Leitmotiv: «Wartet nicht auf die Zeit, denn die Zeit wartet nicht auf Euch. Und wenn Euere Schwäche *(la vostra fragilità)* Euch quält, [...] dann fordert Euch selbst zum Widerstand auf und wehrt der Sünde im Wollen so gut wie im Tun; sagt Euch: ‹Ertrage jetzt, meine Seele, dieses geringe Leiden; bleibe fest, gib nicht nach. Vielleicht ist morgen dein Leben zu Ende.› [...] Wenn Ihr so tut, dann werden Eure Seele und der Leib, der jetzt zum Stall geworden ist, zum Tempel, wo es Gott wohl gefällt, in Euch zu wohnen

[20] «Oimè, oimè sventurata anima mia! Io non so metter mano alle mie e vostre iniquità.» Vgl. Dialogo, S. 360.

durch seine Gnade. Und habt Ihr dann Euer Leben geendigt, wird Euch die ewige Schau Gottes zuteil, Leben ohne Tod und Genügen ohne Beschwer. Verliert nicht solches Gut um eines traurigen Vergnügens willen.»

Zuletzt entschuldigt sie sich, so wie sie es oft tut, wenn sie einer Respektsperson zu nahe getreten sein könnte. Sie habe, schreibt sie, vielleicht Dinge gesagt, die nicht gerne gehört würden. Aber «die Liebe zu Euerem Seelenheil hat mich das tun lassen. Denn liebte ich Euch nicht, würde es mich nicht bekümmern, Euch in den Händen Satans zu sehen; doch da ich Euch liebe, kann ich es nicht ertragen.»

An Matteo di Giovanni Colombini (48)

Die Sieneser Adelsfamilie der Colombini ist durch zwei Mitglieder bekannt geworden, Giovanni († 1366), den Gründer des streng asketischen Laienordens der Gesuati, und Caterina († 1388), die den weiblichen Zweig dieses Ordens gegründet hat. Matteo gehörte der nächsten Generation an und war mit Katharina entfernt verwandt.

Der Brief gleicht einer Homilie, der das Wort zugrundeliegt: «Die Wahrheit wird euch frei machen» (Joh. 8, 32). Wobei Katharina diese Verheissung gleichsam umgekehrt liest: wer sich frei macht von jeder anderen als der in Gottes Liebe begründeten Bindung, wird das Licht der Erkenntnis gewinnen und in ihm zur Wahrheit gelangen. «Vergeblich aber müht der sich ab, der all seine Zeit in der Welt verbracht hat und noch verbringt und die Kinder [gemeint ist: die Macht der Familie] und die Reichtümer zu seinem Gott macht und nicht gewahrt, dass sie alle den Tod bringen, da sie ihm das Leben der Gnade rauben; und er scheint nicht zu wissen, dass die ungeordnete Liebe (*il disordinato amore:* die nicht auf Gott hin geordnete Liebe) verderblich ist. So gibt ihm dieses Leben schon den Vorgeschmack der Hölle, nur weil er die Wahrheit nicht erkannt hat, da ihm das Licht geraubt ist.»

Gerade die Heimsuchungen, die wir erfahren, können uns zur Erkenntnis der Wahrheit – der Liebe Gottes – verhelfen. Denn «der grosse Arzt»[21] entzieht uns bisweilen Blut, «das heisst, jene Dinge, die unserem Heil schädlich sind und sich zwischen Gott und uns stellen. So nimmt er den einen die Kinder, anderen das irdische Gut, anderen die Gesundheit und manchen ihre Stellung in der Welt.» Nun spricht Katharina zu jemandem, der an einem Wendepunkt in seinem Leben angelangt ist. So kann sich eines dieser Beispiele (das erste?) auf eine Erfahrung des Adressaten beziehen. Aus der allgemeinen Belehrung löst sich der persönliche Zuspruch heraus: «... das Licht und die Wahrheit werden Euch beständig und ausdauernd machen in dem, was Ihr aus heiligem und wahrem Verlangen begonnen habt. [...] Verbannt die Traurigkeit aus Euerem Herzen: mit höchster Freude erkennt die unaussprechliche Liebe und den Überfluss göttlichen Erbarmens, der Euch zuteil wird.»[22] Und am Ende des Briefs: In ihrer Ehe sollen Matteo Colombini und seine Frau *uno stato angelico* einhalten, ihre Kinder sollen die Tugenden sein. Ein neues Leben also, der Askese gewidmet zur Ehre Gottes.

An den Juden Consiglio (15)

«Gelobt sei Jesus Christus der Gekreuzigte, Sohn der glorreichen Jungfrau Maria»: ungewöhnlich die Eingangsformel des Briefs, der an einen aus Padua stammenden jüdischen Kaufmann in Siena gerichtet ist. Der Text ist hier

[21] Katharina bezieht sich auf ein vermeintliches Paulus-Wort, dem die Berufung auf Jes. 53, 4 in Matth. 8, 17 am nächsten kommt.
[22] Vgl. Luc. 6, 38.

vollständig übersetzt: «Dir, geliebtester Bruder *(dilettissimo e carissimo fratello)*, der du losgekauft bist wie ich durch das kostbare Blut des Gottessohns, schreibe ich, die unwürdige Katharina, gedrängt von dem gekreuzigten Christus und seiner liebreichen Mutter Maria, dass ich Euch[23] bitte und dränge, die Härte und den finsteren Unglauben zu verlassen und Euch wiederherzustellen und die Gnade der heiligen Taufe zu empfangen: denn ohne die Taufe könnt ihr die Gnade Gottes nicht haben. Wer ohne die Taufe ist, hat nicht teil an der Frucht der heiligen Kirche; sondern als faules und weggeschnittenes Glied der Gemeinschaft der gläubigen Christen geht er vom zeitlichen Tod in den ewigen Tod, und mit Grund *(ragionevolmente)* empfängt er Qualen und Finsternis; denn er hat sich nicht waschen wollen mit dem Wasser der heiligen Taufe, und er hat das mit so grosser Liebe vergossene Blut des Gottessohns für nichts geachtet. O liebster Bruder in Jesus Christus, öffne das Auge des Verstehens, um seine unschätzbare Liebe zu gewahren, die er Dir sendet, mit der er Dich einlädt durch die heiligen Eingebungen, die in Dein Herz gedrungen sind; und durch seine Diener entbietet er Dich, dass er Frieden schliesse mit Dir und des langen Kriegs und der Kränkung nicht achte, die er von Dir erfahren hat durch Deinen Unglauben. Denn so sanft und gütig ist unser Gott, dass wir nach dem Gesetz der Liebe durch den Sohn Gottes und der Jungfrau Maria, der sein Blut reichlich vergossen hat an dem Holz des heiligsten Kreuzes, reichlich teilhaben können an seinem Erbarmen. Und wie das Gesetz Mose auf Gerechtigkeit und Strafe gegründet war, so ist das neue Gesetz des gekreuzigten Christus, das Leben nach dem Evangelium, auf Liebe und Erbarmen gegründet. So sanft und gütig ist er, wenn der Mensch demütig und gläubig zu ihm

[23] «vi», während sie ihn sonst mit «du» anspricht; vielleicht Mehrzahl, auf die Familie Consiglios bezogen.

zurückkehrt und glaubt, dass er durch Christus das ewige Leben empfängt.[24] Er will sich der Kränkungen nicht erinnern, die wir ihm antun, und will uns nicht auf ewig verdammen, sondern immer Erbarmen üben. So mache Dich auf, mein Bruder, wenn du an Christus gebunden sein willst; und schlafe nicht länger in solcher Blindheit, denn Gott will nicht, und auch ich will nicht, dass Dich die Stunde des Todes als Blinden trifft; sondern meine Seele verlangt zu sehen, dass Du zum Licht der heiligen Taufe gelangst, so wie der Hirsch, wenn ihn dürstet, zum lebendigen Wasser strebt.[25] Also leiste dem Heiligen Geist, der Dich ruft, keinen Widerstand mehr und verschmähe nicht die Liebe der Muttergottes und auch die Tränen und die Gebete nicht, die Dir gelten; denn zu gross wäre für Dich die Strafe des Gerichts. Verbleibe in der heiligen und sanften Liebe Gottes; und ich bete zu ihm, der die höchste Wahrheit ist, dass er uns erleuchte und mit seiner heiligsten Gnade erfülle, und dass er auch meinen Wunsch erfülle für Dich, Consiglio. Dieses ist Dir gegeben, Consiglio, im Namen Christi Jesu. Gelobt sei der gekreuzigte Christus und seine liebreichste Mutter, die glorreiche Jungfrau, Madonna die heilige Maria. *Gesù dolce, Gesù amore.*» Abweichend vom sonstigen Duktus ist auch dieser Abschluss, mit Ausnahme der nie veränderten letzten Worte.

Wahrscheinlich ist, dass Consiglio schon seit einiger Zeit erwägt, sich taufen zu lassen; Katharina setzt die Absicht voraus, aber sie muss noch mit Widerstand rechnen; auf eine besondere Empfänglichkeit des Adressaten mag der Nachdruck berechnet sein, mit dem sie ihn auf die Muttergottes hinweist. – Ihr Brief wäre gegenstandslos für einen strenggläubigen Juden, der sich natürlich nicht als verworfenes

24 Der Wortlaut ist unklar überliefert, die Bedeutung des Satzes kaum zweifelhaft.

25 Vgl. Ps. 42, 2.

Glied der christlichen Glaubensgemeinschaft (nach Joh. 15, 6) verstehen kann, sondern nach Massgabe *seines* Glaubens zum Verworfenen würde, wenn er ihr beiträte. Für Katharina ist umgekehrt der ein Blinder, der die Heilsnotwendigkeit der Taufe nicht zu erkennen vermag; und erst wer das «Auge des Verstehens» zu öffnen beginnt, tritt in *ihren* Gesichtskreis. Das Gesetz Mose ist auch der Christin heilig, aber allein in der Perspektive seiner Ablösung durch das neue Gesetz des gekreuzigten Christus. *Extra Ecclesiam nulla salus.*

An den Priester Pietro in Semignano (59)

Die Eingangsformel – «ich schreibe Euch mit dem Wunsch ...» – mündet in diesem Brief sehr rasch in die spezifische Ermahnung: «... dass Ihr Euer Leben darauf verwendet, Euch mit unserem Schöpfer und das Geschöpf mit dem Geschöpf zu versöhnen». Pietro, der Vorsteher einer Pfarrei in der Nähe von Siena, soll Frieden halten, weil Gott ihn sonst hart bestrafen wird. In beschwörendem Ton wird er angeredet: «*Siate, siate specchio di virtù* – seid ein Spiegel der Tugend; und achtet auf Eure Würde; denn Gott hat Euch zu so hohem Stand erhoben, dass ihr das Feuer der göttlichen Liebe zu hüten habt, das heisst Leib und Blut des gekreuzigten Christus. *Pensate, pensate* – bedenkt, dass [selbst] die Natur der Engel nicht solche Würde besitzt. Seht, dass er in das Gefäss Eurer Seele sein Wort gelegt hat. Seht wohl: Ihr redet in der Person Christi, und so habt Ihr die Vollmacht, jenes teuerste Sakrament zu heiligen; daher geziemt es Euch, sie [die *autorità*, die Vollmacht] mit feurigster Liebe, in Reinheit des Sinns und des Leibes und friedfertigen Herzens zu tragen und allen Groll und Hass aus Eurer Seele zu verbannen.»

Und nun bricht Katharina in Klagen aus, die verraten, dass hier ein Einzelfall für sie einen allgemeinen Zustand enthüllt: «Wehe, wehe, wo ist die Reinheit der Diener des Gottessohns?» So wie der Priester den Kelch nicht beschmutzt zum Altar tragen will, so fordert auch Gott von seiner Seele, dass sie frei von jedem Makel der Todsünde sei. «Doch heute sieht man gerade das Gegenteil dieser Reinheit, die Gott verlangt», und in der Seele seiner Diener brennt nicht «das Feuer seines Worts», sondern das Feuer des Zorns, des Hasses, des Grolls und der Böswilligkeit. «Wehe, welche Verirrung! zu sehen, wie sich die Gesalbten Christi in solches Elend und Unrecht stürzen!» Jede Schuld wird am Ende des Lebens gesühnt; denn Gott, der sie jetzt nicht zu sehen scheint, wird dann zeigen, dass er sie sehr wohl gesehen hat.

Katharina spricht von der «mala disposizione nostra», von der Fehlbarkeit aller, doch sie richtet den Blick im besonderen auf die *superbia* dessen, der sich nicht demütigen und seinem Feind nicht verzeihen will und noch glaubt, ihm werde Gott solch schwere Kränkung verzeihen. «Aber er täuscht sich; denn mit welchem Mass er den anderen misst, wird ihm wieder gemessen werden».[26] Und zu solchen Menschen soll der Empfänger des Briefs nicht gehören. «Denn es wundert mich sehr, dass Eueresgleichen Hass hegen kann, da Euch doch Gott aus der Welt genommen und durch die Kraft des Sakraments zum irdischen Engel in diesem Leben gemacht hat; und Ihr verstrickt Euch durch Euere Fehlbarkeit in die Welt *(nel secolo)*. Ich weiss nicht, wie Ihr die Messe lesen könnt. Darum sage ich Euch: wenn Ihr im Hass [und] in Eueren anderen Fehlern verharrt, müsst Ihr das Gericht Gottes erwarten, das über Euch käme. Ich sage Euch: Nie mehr solch grosses Unrecht! [...] Das bitte ich Euch um der Gnade und des Erbarmens willen: ich will, dass Ihr Frieden schliesst.» Und jetzt erst, schon fast am Ende des Briefs: «Welche Verir-

[26] Vgl. Matth. 7, 2.

rung! zwei Priester in tödlichem Hass aufeinander zu sehen! Ein grosses Wunder ist es, dass Gott nicht der Erde befiehlt, euch beide zu verschlingen.» Das Wort vom unnützen Knecht, der «hinaus in die Finsternis» gestossen wird,[27] schliesst die Strafpredigt ab.

Dass also Pietro einen anderen Priester hasst, bildet einerseits den verhüllten Ausgangspunkt, andererseits den offenbaren Zielpunkt der Rede. Der Bogen zwischen diesen Punkten lässt die Sorge Katharinas um die Verfassung des *corpus mysticum,* des Klerus, zugleich mit ihrer Ehrfurcht vor dem geheiligten Priesteramt – nicht vor seinen Trägern – hervortreten. Die Unerschrockenheit, mit der sie auch hohen Prälaten und selbst dem Papst ins Gewissen redet, erklärt sich aus dieser Unterscheidung. Die Kirchenreform, die sie fordert, soll keine äussere Neuordnung, sondern innere Umkehr, Rückkehr zu reinen Formen des Gehorsams, der *pazienzia,* der Demut und der Askese sein.

An den Kardinal von Ostia (11)

Pierre d'Estaing, ein Grafensohn aus der Rouergue, seit 1341 Benediktiner, seit 1367 Erzbischof von Bourges, seit 1370 Kardinal und bis zu seinem Tod (1377) päpstlicher Vikar in Italien, hat Katharina in ihren Bemühungen um die Rückkehr des Papstes von Avignon nach Rom unterstützt. Zwei Briefe, die sie 1372 und 1373 an ihn gerichtet hat, sind erhalten; sie beziehen sich beide auf den Kampf, den die Kirche zur Verteidigung ihrer weltlichen Besitztitel – allgemeiner: ihrer Macht – in Italien führt.[28] In dem zweiten greift sie auf ein Grundmotiv ihres Denkens zurück: Eigenliebe und Furcht verbinden sich zu der Gefahr, dass der

[27] Matth. 25, 30.
[28] Zu diesem Thema s. unten S. 100–103.

Mensch für die Wahrheit blind wird. Die Liebe zu irdischem Gut ist verderblich für die Herren der Welt und der Kirche. Der Geistliche, der sich von ihr nicht frei macht, kommt nie auf den rechten Weg, «denn er fürchtet seine Pfründe zu verlieren und seinen Untergebenen zu missfallen. Und dem Untergebenen ist sie gleichfalls verderblich, denn wer mit so gearteter Liebe sich liebt, in dem ist keine Demut; vielmehr ist der Hochmut in ihm verwurzelt; und der Hochmütige ist nie gehorsam.»

Es kommt also darauf an, alle Eigenliebe abzutun[29] – was als Aufforderung an den Empfänger des Briefs formuliert ist –, das Kleid der göttlichen Liebe anzulegen (das von Katharina oft zitierte *induimini* des Apostels[30]) und die «knechtische» mit der «heiligen Furcht» zu vertauschen. Der Vikar des Papstes verfügt über zeitliche wie über geistliche Macht; und seine gottesfürchtige Tapferkeit muss sich darin beweisen, dass er die eine der anderen jederzeit unterordnet. Katharina deutet hier einen Gedanken nur an, der in ihren Briefen an Gregor XI. klarer hervortreten wird: dass eine Politik der äusseren – sie sagt: körperlichen – Stärke aus Schwäche, aus Angst und Unsicherheit stammt. Sie ist aber Theologin, nicht Psychologin; Schwäche bedeutet für sie nichts anderes als *negligenzia:* die versäumte, vernachlässigte Pflicht zur Nachfolge Christi, die «jedem vernunftbegabten Geschöpf» auferlegt ist. Und so kann umgekehrt eine Politik der wahren Stärke nur *ein* Ziel haben: zur Ehre Gottes durch Rat und Tat darauf hinzuwirken, «dass die Laster verjagt werden und die Tugenden triumphieren». Was nun im historischen Kontext heisst: die Kirche soll Frieden schliessen mit Städten und Fürsten, die

29 Dialogo, S. 20: «... l'amore proprio [...] è principio e fondamento d'ogni male»; Thomas von Aquin, Summa Theologiae I, II^{ae}, q. 77, a. 4: «... inordinatus amor sui est causa omnis peccati.»

30 Rom. 13, 14; 1. Cor. 15, 53f.

ihren weltlichen Besitzstand bedrohen, und der Vikar soll alles tun, «um die Einheit des ganzen Landes herbeizuführen».

Die *nationale* Einheit? Man hat Katharina in Italien so verstanden und sie zur Schutzpatronin – tatsächlich des «ganzen Landes» – erhoben; der Patriotismus hat durch sie eine religiöse, die Kirche eine vaterländische Legitimation erhalten. Sie meint aber: die Christen sollen nicht gegen Christen, sondern gegen «die Ungläubigen und die falschen Christen» kämpfen: gegen die Türken und gegen die Ketzer, die Sekten; um ihre Kräfte für den Krieg gegen die gemeinsamen Feinde zu sammeln, sollen sie Frieden halten untereinander; die Diener Gottes dürfen nicht um ihr zeitliches Wohl bangen, sie müssen «Schmerz und Bitterkeit ob der Verdammnis der Seelen» empfinden und ihr Leben dafür einsetzen, dass sie dennoch gerettet werden. Darum soll der Kardinal – sie wiederholt sich – den neuen Menschen anziehen, «Cristo dolce Gesù», sich ganz in den Dienst des einen Herrn stellen – und (die politische Quintessenz der moraltheologischen Rede): «Achtet mehr, Ihr und die anderen *und auch der Heilige Vater*, auf den Verlust der Seelen als den der Städte; denn Gott verlangt es mehr nach den Seelen als nach den Städten.» So beginnen sich Zuspruch und Mahnung Katharinas an die Leitung der Kirche zu richten.

An Schwester Daniella, Dominikanerin von Orvieto (213)

Einer der vier Briefe, die Katharina an ihre Ordensschwester Daniella gerichtet hat, gehört zu den eindrücklichsten Zeugnissen ihrer geistlichen Fürsorge. Anlass war offenbar eine Krise, in der sich die junge Dominikanerin befand, weil sie aus Gesundheitsrücksichten auf strenge Bussübungen verzichten musste. Ein Satz, den Katharina in die ausführliche Betrachtung nach einem ersten Teil einfügt, charakterisiert ihr Vorgehen: «Reden wir jetzt im besonderen; und indem wir vom Besonderen reden, wird im allgemeinen geredet.» Sie hat zuerst von der *discrezione* gesprochen – im allgemeinen eben, und wie immer auf Grund jener ersten Forderung, dass wir uns selbst, in uns Gott und so das erkennen sollen, was wir Gott und um seinetwillen dem Nächsten schuldig sind. Aus dieser Disposition geht das Unterscheidungsvermögen hervor; denn indem wir auf alles eigenmächtige Verfügen, auf Ehre und Vorteil für uns selber verzichten, erkennen wir, was dem anderen notwendig ist, und behalten für uns, was uns zukommt: Hass auf das Laster und auf die eigene Sinnlichkeit. Das «Licht der Unterscheidung» zeigt uns, wie wir die Früchte der göttlichen Liebe auf verschiedene Weisen, je nach unserem Stand gewinnen können: «Wer im weltlichen Stand ist, pflückt die Frucht des Gehorsams gegenüber Gottes Geboten. [...] Hat er Kinder, so pflückt er die Frucht der Gottesfurcht und zieht sie in heiliger Furcht auf. Ist er Herr, so pflückt er die Frucht der Gerechtigkeit, da er jedem das Seine zuteilen will. [...] Ist er ein Untergebener, pflückt er die Frucht des Gehorsams und der Ehrfurcht vor seinem Herrn. [...] Den Geistlichen leitet der Hunger nach der Ehre Gottes und nach dem Heil der Seelen, dass er die Angel der Lehre und des vorbildlichen Lebens nach ihnen auswirft.»

Und nun der Übergang zum Besonderen: Welche Regel gibt die Tugend der Unterscheidung einem Menschen, der «geistlich leben» will *(vivere spiritualmente)*? Da der Seele, die sich ganz dem Willen Gottes fügt, das «Gefäss des Leibes» gegeben ist, muss der Leib das Werkzeug sein, durch das die Tugend vermehrt wird. «Die Regel ist die, dass er den Freuden und Annehmlichkeiten der Welt und dem Verkehr mit den weltlichen Menschen entzogen, dem Verkehr mit den Dienern Gottes zugeführt, von den Stätten des Leichtsinns entfernt und an den Orten der Andacht festgehalten wird. Sie [die Regel] gibt allen Gliedern des Körpers ihre Ordnung [...]: das Auge schaue nicht, wohin es nicht darf, sondern es halte sich die Erde und den Himmel vor [gemeint ist: nicht nur die Erde, aber auch nicht nur den Himmel]; die Zunge hüte sich vor der müssigen und der eiteln Rede und verkünde das Wort Gottes zum Heil des Nächsten und bekenne die eigenen Sünden; das Ohr entziehe sich den angenehmen, schmeichelnden, leichtfertigen und zerstreuenden Worten, die es vernehmen könnte, und höre auf das Wort Gottes und auf das Bedürfnis des Nächsten in dem Willen, das ihm Notwendige zu erkennen.» Damit sich der Leib nicht gegen die Seele auflehne, soll er durch Wachen und Fasten und andere Züchtigungen gezähmt werden.

Aber all dies «mit dem sanften Licht der Unterscheidung». Nämlich ohne sich irgendeinem Bussakt hauptsächlich zu verschreiben. Auf die Tugend kommt es an, und die Bussübungen sind nur Hilfsmittel,[31] verwendet zu ihrer Zeit und an ihrem Ort, je nach ihrer Notwendigkeit. Ein Leib, der dem Geist mit vieler Kraft widersteht, braucht die «Zuchtrute». Wenn der Leib aber schwach ist, lässt die Regel der Unterscheidung solche Strenge nicht zu; dann soll er nicht fasten und nicht auf der nackten Erde liegen; wer nicht knien kann, soll sitzen dürfen. Denn «die Seele soll Gott mit etwas dienen, das ihm nicht genommen werden kann und das keine Grenzen kennt, sondern grenzenlos ist, nämlich mit dem heiligen Verlangen [...] und den Tugenden, die weder Satan noch Geschöpf noch Schwäche des Leibes uns nehmen können, wenn wir nicht wollen. Und gerade in der Schwäche übst du die Tugend der Geduld; in den Kämpfen und Anfechtungen der Dämonen übst du die Kraft und die Ausdauer; und in den Anfeindungen, die du von den Menschen erfährst, übst du die Demut, die Geduld

[31] Vgl. Dialogo, S. 32 u. 290f.

und die Nächstenliebe. […] Darauf müssen wir bauen und nicht auf die Strafe. Zwei Fundamente kann sich die Seele nicht schaffen. […] Wenn ich die Bussübungen zu meiner Grundlage mache, dann errichte ich die Stadt meiner Seele auf dem Sand, wo sie jedem Windstoss weichen muss und kein Gebäude fest stehen kann. Wenn ich jedoch auf den Tugenden baue, dann ist der lebende Fels Jesus Christus[32] das Fundament, auf dem jedes noch so hohe Gebäude fest steht und auch den widrigsten Winden nicht weicht.»

Das Licht der Unterscheidung: aus ihm gewinnt nicht nur die seelsorgliche Autorität, sondern auch die politische Rede Katharinas ihre Ausstrahlung. Aber *discrezione* bedeutet nicht Relativierung; sie will Unterordnung des Mittels, sie insistiert auf dem unbedingten Vorrang des Zwecks. So sind im Bereich der Verhältnismässigkeiten – der Pragmatik – ihrer Ausstrahlung dennoch Grenzen gesetzt.

[32] Vgl. 1. Cor. 10, 4.

AN RAIMUND VON CAPUA

Der Dominikaner Raimund von Capua war der Lehrer und der Schüler Katharinas. Die acht an ihn gerichteten Briefe, die hier betrachtet werden – im ganzen haben sich sechzehn erhalten –, zeugen von einer engen Beziehung, deren Beginn sich wohl auf den Frühsommer 1374 datieren lässt. Damals wurde die Rechtgläubigkeit Katharinas in Florenz einer Prüfung unterzogen, und zwar, auf Anordnung des Bischofs, durch ihren eigenen Orden. Verdächtigungen und Anfeindungen in ihrer Vaterstadt hatten zu dieser Massnahme geführt, und nachdem der Verdacht des Irrglaubens sich als haltlos erwiesen hatte, verfügte der Generalmagister der Dominikaner, dass Katharina nicht mehr ihren Ordensoberen in Siena unterstellt, sondern der Leitung eines von ihm delegierten Magisters anvertraut wurde, dem Bruder Raimondo delle Vigne, der aus demselben vornehmen Capuaner Geschlecht wie einst der Kanzler Friedrichs II. stammte. In Katharinas Todesjahr 1380 ist Raimund von Capua zum Generalmagister gewählt worden, und dieses Amt hat er bis zu seinem Tod am 15. Oktober 1399 versehen, in seinen Reformbemühungen zweifellos von Katharina inspiriert, deren erste «Legenda» er verfasst hat.[1]

[1] Vgl. oben S. 8, Anm. 3. Das harte Urteil Fawtiers (Sainte Catherine de Sienne, zit. I, 125–130) – «récit lourd et fastidieux de petits miracles ... composition maladroite» – gilt noch für manche Heiligenvita und ändert nichts daran, dass die «Legenda maior» neben den Briefen Katharinas die Hauptquelle für ihr Leben ist. Die beiden Fassungen der «Legenda minor» (ediert von Ezio Franceschini, Siena/Milano 1942) sind gewiss lesbarer, aber keineswegs zuverlässiger; auch beruhen sie im wesentlichen auf der Vita Raimunds.

Ein Hymnus auf die «pazienzia» (104)

Es muss auffallen, dass Katharina dem Magister zunächst ihre Grundlehre von der Selbst- und der Gotteserkenntnis so vorträgt, wie sie in Briefen an viele andere auch steht; als wüsste Raimund von Capua nichts von ihr und als müsste er auf solch propädeutische Art unterwiesen werden. Katharina nennt ihn «carissimo padre e negligente figliuolo»; das mag bedeuten, dass auch der Erfahrene und Geprüfte doch immer ein Anfänger bleibt oder es wieder wird in dem Augenblick, da sein Streben nach der Vollkommenheit nachlässt – was auf den Partner nicht eben jetzt zutreffen muss. Gleichzeitig mag ihr durchaus bewusst sein, dass sie ihrem geistlichen Mentor nichts Neues sagt und nur dem Wunsch folgt, seiner Zustimmung sicher zu sein.

Doch nimmt der Gedankengang nun eine Richtung, die sich aus jenen unguten Vorgängen in Siena erklären könnte. Die Nächstenliebe, schreibt Katharina, die aus der Gottesliebe hervorgeht, gilt dem Gerechten wie dem Ungerechten: jenen lieben wir um der Tugend willen und diesen, weil er ein Geschöpf Gottes ist und damit er zur Tugend hingeführt wird. Wir verrichten unsere «heiligen, demütigen und beständigen Gebete mit Freude über die Tugendhaften und mit Schmerz um jener willen, die im Tod der Todsünden liegen, und wir ertragen mit wahrer Geduld die Ärgernisse, die Schändlichkeiten und die Nachreden, die wir von diesen erfahren». So werden wir zur Nächstenliebe befähigt durch die Tugend der *pazienzia,* ein Wort, das wir nur behelfsmässig übersetzen können mit «Geduld».

«Oh Geduld, welche Freude schenkst du! Oh Geduld, wieviel Hoffnung gibst du dem, der dich besitzt! Oh Geduld, du bist Königin, du besitzt und wirst nicht vom Zorn besessen. Oh Geduld, du hältst Gericht über die eigene Sinnlichkeit, wenn sie das Haupt erheben möchte im Zorn.

Du führst einen zweischneidigen Dolch mit dir, um Zorn und Hochmut wegzuschneiden und das Mark des Hochmuts und der Ungeduld auszutilgen; mit den zwei Schneiden meine ich Hass und Liebe. Und dein Kleid ist das Kleid der Sonne,[2] das Licht der wahren Gotteserkenntnis und die Wärme der göttlichen Liebe, mit deren Strahlen du jene durchdringst, die dich kränken; feurige Kohlen, von der Liebe entzündet, wirfst du ihnen aufs Haupt,[3] dass der Hass ihres Herzens verbrannt und verzehrt wird. Und so bist du es, sanfte Geduld, in der Liebe gegründet, die Frucht trägt im Nächsten und Gott die Ehre zuwendet. Dein Kleid ist besät mit den Sternen mannigfaltiger Tugenden;[4] denn Geduld kann in der Seele nicht sein ohne die Sterne aller Tugenden, in der Nacht der Selbsterkenntnis, welche gleichsam ein Mondlicht ist. Und auf die Selbsterkenntnis folgt der Tag mit dem Licht und der Wärme der Sonne. Und das ist das Kleid der Geduld. Wer könnte wohl solche Süssigkeit, wie die Geduld sie ist, nicht liebhaben, dass er sie trage für den gekreuzigten Christus?»

Raimund von Capua wird sich erinnert haben, dass Thomas von Aquin es ablehnt, die *patientia* für die höchste Tugend zu halten.[5] Aber wir wissen nicht, ob Katharinas Gespräche mit ihm solche Fragen berührten. Im «Dialogo», wo von dem «glorioso Tomaso d'Aquino» die Rede ist und seine «Summa» manche Spur hinterlassen hat, bleibt sie dabei, die Geduld – wohl genauer: das Duldenkönnen – als

[2] Vgl. 1. Cor. 15, 41.

[3] Vgl. Rom. 12, 20.

[4] Die «achte Sphäre» bei Dante: «Paradiso» 2, 63–72, und «De Aqua et Terra» 21 («... quod licet coelum stellatum habet unitatem in substantia, habet tamen multiplicitatem in virtute»); oder die «suprema sphaera» bei Thomas von Aquin in seinem Kommentar zu Aristoteles, «De caelo»: «quod [...] abundet in multitudine stellarum, in quibus radicantur diversae virtutes activae» (II, 12, 19).

[5] Summa Theologiae II, 2, 136.

Herrscherin über alle Tugenden und als «mirollo [das Mark] della carità» zu preisen.[6] Und so, wie sie hier weiter zu Raimund spricht, erscheint die *pazienzia* geradezu als Schlüssel zur Nachfolge Christi. Wer die Geduld in seiner Seele wohnen lässt, trägt an den Leiden des Gekreuzigten mit; «und da Ihr nun duldet, werdet Ihr meinen, im Licht des Mondes zu sein; über dem Dulden aber werdet Ihr das Licht der Sonne finden.» Die Seele wird neu erweckt in der Tugend, «die Ihr bewahren und mit grösserer Ergebenheit und Vollkommenheit suchen werdet, bis Ihr an Euerem Ziel seid und dem gekreuzigten Christus gleich werdet, der Schmerzen und Qualen und Schimpf ertragen hat. [...] Ihr folgt seinen Spuren, wenn Ihr zu Unrecht duldet, das heisst, wenn Ihr denen nichts angetan habt, die Euch verfolgen» – da klingt die eigene Erfahrung wieder an. Danach nimmt der Brief den wenig persönlichen Lehrtext wieder auf, der Bruder Raimund nur bestätigt haben wird, worüber er sich mit Katharina einig wusste.

Letzter Beistand (273)

Noch aus der Frühzeit der Bekanntschaft Katharinas mit Raimund von Capua, wohl aus dem Sommer 1375, stammt ihr Bericht über einen Vorgang, den sie als dramatische Bewährungsprobe für ihr seelsorgliches Wirken erlebt hat. Ein junger Mann aus Perugia, Niccolò di Toldo mit Namen,[7] war in Siena zum Tod verurteilt worden, und Katharina hatte es sich zur Aufgabe gemacht, ihn auf sein Ende vorzubereiten. – Von vornherein ordnet ihr Brief diese Erfahrung in das geistliche Zwiegespräch mit dem eigenen

[6] Vgl. oben S. 20, Anm. 19.

[7] Vgl. die Anmerkungen in der zitierten Ausgabe von Duprè Theseider, der wir hier folgen (Nr. XXXI).

Seelsorger und in den Bildertext ihrer Blut-Christi-Mystik ein. Noch bevor sie erzählt, wie sie den Verurteilten dazu anleitete, sich in der Seitenwunde des Gekreuzigten zu bergen, hat sie Raimund mit ganz denselben Worten – die sich auch in ihrem «Buch» wiederfinden[8] – zu diesem «geöffneten, dufterfüllten Laden» gewiesen. Und umgekehrt mündet der einleitende Zuspruch (oder wiederum: die Evokation gemeinsamen Wissens) in die nun erfahrene Bestätigung, die Katharina buchstäblich in Händen hält: «Ich habe mit meinen Händen ein Haupt empfangen, welches mir von so grosser Süsse war, dass das Herz es nicht denken, die Zunge es nicht sagen, das Auge es nicht sehen, das Ohr es nicht hören kann»:[9] der Legende nach hat die Heilige den Kopf des Enthaupteten so lange vor sich hin gehalten, «dass sich alle verwunderten» (doch scheint der Bericht nur auf ihrem Brief zu beruhen).[10]

Ihr Besuch hat «dem Bewussten [*colui che voi sapete*, sie nennt den Namen nicht] solchen Trost gebracht, dass er beichtete und sich sehr wohl verhielt. Und ich musste ihm um der Liebe Gottes willen versprechen, dass ich bei ihm sein würde, wenn seine Zeit käme, und so versprach und tat ich. Am Morgen dann, vor dem Glockenläuten, ging ich zu ihm, und er empfing grossen Trost; ich führte ihn zur Messe, und er empfing die heilige Kommunion, die er nie mehr empfangen hatte. Da war nun sein Wille dem Willen Gottes überantwortet; nur fürchtete er noch, dass er in jenem Augenblick nicht stark sein würde; doch Gott in seiner unendlichen Güte täuschte ihn, indem er ihm solche Liebe im Verlangen nach mir in Gott eingab, dass er nicht mehr ohne ihn sein konnte und sagte: ‹Bleibe bei mir und verlasse mich nicht, so kann mir nichts mehr geschehen, und

[8] Dialogo, S. 375.
[9] Vgl. 1. Cor. 2, 9.
[10] Duprè Theseider a.a.O. Anm. 15.

ich sterbe zufrieden!› und er legte mir seinen Kopf an die Brust.» Eine fromme Täuschung tatsächlich: der Verurteilte glaubt Katharina zu lieben, und «im Verlangen nach mir in Gott» *(nel desiderio di me in Dio)* wird er zum Glauben geführt.

«Und ich», fährt sie fort, «verspürte ein Frohlocken, einen Duft von seinem, aber auch von meinem Blut,[11] das ich für meinen lieben Bräutigam, Jesus, vergiessen will. Da in meiner Seele das Verlangen wuchs und ich seine Angst fühlte, sagte ich: ‹Sei getrost, lieber Bruder, denn bald kommen wir zu der Hochzeit.› [...] Nun schwand alle Furcht aus seinem Herzen, [...] und er sprach: ‹Woher kommt mir solche Gnade, dass der Trost meiner Seele an dem heiligen Ort der Gerechtigkeit auf mich wartet› (zu solchem Licht ist er gelangt, dass er die Richtstätte einen heiligen Ort nennt!).» Sie erwartet ihn dort im Gebet, und ehe er eintrifft, legt sie selber den Kopf auf den Block, doch findet sie da die innere Sammlung noch nicht, um die göttliche Barmherzigkeit herbeizurufen. Als aber dann die Gegenwart der Muttergottes ihre Seele erfüllt, sieht sie das viele Volk auf dem Platz nicht mehr, und als nun ihr Schützling «wie ein zahmes Lamm» herzukommt, sagt sie zu ihm: «Auf zur Hochzeit, mein lieber Bruder, bald wirst du im ewigen Leben sein!» Und während er den Todesstreich erwartet, kniet sie vor ihm und erinnert ihn an das Blut des Lamms, und er sagt immer nur «Jesus» und «Caterina», und so «empfing ich mit meinen Händen sein Haupt». Die Schilderung mündet in eine Christusvision: «Als sähe man das klare Licht der Sonne, so sah man Gott und Mensch stehen», wie er «Blut in seinem Blut empfing» und die Seele aufnahm. Sie selbst aber sei durch den Duft des Bluts so beglückt und beruhigt gewesen, dass sie es nicht habe abwa-

[11] Dialogo, S. 462: «... sentivo per amirabile modo nel gusto corporale il sapore e odore del sangue e del corpo di Cristo crocifisso ...»

schen mögen. Und Raimund soll sich nicht wundern, wenn sie auch ihn nun «ganz in das Blut und das Feuer getaucht sehen will, das aus der Seitenwunde des Gottessohns strömt». Für ihn wie für sie ist mit diesem spirituellen Liebestod «der erste Stein schon gesetzt».

«Von Angesicht zu Angesicht» (226)

Im Frühjahr 1376 reist Raimund von Capua mit einigen Ordensbrüdern «an den Hof»: nach Avignon, wohin ihm Katharina im Juni folgen wird, um sich mit Papst Gregor XI. zu unterreden. Sie erwähnt eine Botschaft, die sie von dem geistlichen Gefährten erhalten hat und über die sie sich freut, ohne dass aber klarwürde, ob ihre Hochstimmung durch bestimmte Nachrichten oder durch spirituellen Zuspruch erzeugt worden ist. Ihr Brief ist vielschichtig. Zuerst wird Raimund angeredet als der «Vater und Sohn», den ihr die Muttergottes gegeben habe; doch gleich darauf wendet sich Katharina auch an die Begleiter, «figliuoli miei», die sie auffordert, «das Auge der Erkenntnis zu öffnen» und «die Ohren aufzutun» (eigentlich zu «entkorken»: «sturate l'orecchie»), um die Lehre des Herrn zu empfangen. «So seht ihr euch selbst; denn in ihm findet ihr euch, und in euch findet ihr ihn»: ein zentraler Satz, der danach in bildhafter Rede entwickelt wird. Die Lehre ist aber fürs erste: «Freiwillige Armut, Erdulden des Unrechts, Böses mit Gutem vergelten; klein, demütig, verlassen und verstossen sein in der Welt; verspottet, geplagt, beleidigt, misshandelt, verleumdet, verdächtigt, bedrängt und verfolgt werden von der Welt und vom sichtbaren und unsichtbaren Dämon und von dem eigenen eklen Fleisch, das sich auflehnt, das sich stets gegen seinen Schöpfer auflehnen und gegen den Geist kämpfen will. [...] O sanfte und süsse Lehre» – von der die Brüder nicht lassen sollen; sie ist es, die der Apostel verkündet.

Dann ein neuer Ansatz: sie spricht in den Worten Jesu von ihrem Verlangen, mit den oder dem Angeredeten das Osterfest zu feiern,[12] was vordergründig gewiss mit dem Datum des Briefs zusammenhängt. Sie meint aber ihren Wunsch, den Partner – und an dieser Stelle redet sie in der Einzahl – an eben dem Ziel zu finden, wo die Seele «nicht sich für sich, sondern sich für Gott und Gott für Gott» und «in ihm das Bild des Geschöpfs und in sich selber Gott im eigenen Bild» sieht. Denn Gott schafft uns nach seinem Bild, doch er nimmt auch unsere Gestalt an, indem er die göttliche mit der menschlichen Natur vereinigt; und dank seiner Liebe erblickt sich die Seele «in der Quelle des Meers der *divina essenzia,* des göttlichen Wesens».[13] In einem Spiegel also, und dennoch «von Angesicht zu Angesicht», sieht die Seele ihr eigenes Bild, in dem Gott sich ihr zu erkennen gibt; sie liebt sich in Gott und Gott in sich; zuerst aber soll sie die Quelle und dann erst sich selbst lieben.

Indem Katharina diese Betrachtung noch fortsetzt, scheint die Osterfreude sie zu übermannen: «Freut euch, freut euch, frohlockt ...» Diesem «Exultate» folgt aber nun der Ruf: «Wehe, wehe mir Unseligen, die ich nicht warten mag, bis ich sehe, dass mir zur Ehre Gottes ein Dolch durch die Kehle dringt und mein Blut sich ergiesst auf das mystische Saatfeld der heiligen Kirche. Wehe, wehe, dass ich sterbe und nicht sterben kann. Ich sage nichts weiter. Verzeiht, Vater, meiner Unwissenheit. Und Euer Herz berste und vergehe vor solcher Liebesglut *(a tanto caldo d'amore).*» Der Karfreitag – der Opfertod ist das Ziel der Christus-

[12] Vgl. Luc. 22, 15.

[13] Vgl. Thomas von Aquin, Summa contra gentiles III, 51, anknüpfend an 1. Cor. 13, 12 (auch Katharina zitiert in dem Brief die Stelle): «... facie ad faciem Deum videbimus, quia immediate eum videbimus, sicut hominem quem facie ad faciem videmus.» Und auch Thomas führt die Einladung Jesu zum «Tisch in meinem Reich» an.

nachfolge, und die Liebe, die uns Gott in Menschengestalt und in den Mitmenschen das Abbild Gottes erkennen lässt, drängt uns zur Selbstaufgabe – drängt uns mit solcher Gewalt, dass wir bersten möchten («scoppio e non posso scoppiare»); und das Verlangen nach diesem Ziel soll sich übertragen auf sie, die Katharina in der Mehrzahl, und auf ihn, den sie in der Einzahl anredet.

Die Trennung von dem nun vertrautesten Gefährten ist ihr anscheinend schwergeworden; denn sie sagt, der «sposo eterno» selbst – Christus, der göttliche Bräutigam – habe danach die Bitterkeit von ihr genommen und ihr solch grosse Freude geschenkt, «dass mir die Glieder sich lösten, dass sie vergingen wie Wachs im Feuer». Zuerst habe sie mit teuflischen Anfechtungen gekämpft, die «nicht davon abliessen, an die Tür meines Gewissens zu pochen»; dann habe sie sich in die Hölle begeben[14] und nach der Beichte verlangt, und an der Stelle des Beichtvaters – Raimunds – habe ihr Christus «den Erlass und die Vergebung meiner und Eurer Sünden gewährt mit den Worten, die zu anderer Zeit gesprochen waren, und er überschattete mich *(obumbrandomi)*[15] mit einem grossen Liebesfeuer, mit einer so grossen Sicherheit und Reinheit des Gemüts, dass die Sprache nicht imstande ist, es zu sagen. Und um mich ganz zu trösten, wies er mich zu den Wohnsitzen Christi auf Erden [des Papstes], so wie man auf der Strasse dahingeht; und die erschien mir wie eine Strasse zur höchsten Höhe, zu der ewigen Dreieinigkeit, wo sich die Güte Gottes in solchem Licht zu erkennen gab, dass man es nicht sagen kann, und die künftigen Dinge sich zeigten, im Verkehr und Gespräch unter wahren [Seelen-]Geniessern und mit den Vertrauten des Papstes *(con la famigliuola di Cristo in terra)*.» Drei «Behausungen» also: *ha-*

[14] Vgl. Jes. 38, 10: «In dimidio dierum meorum vadam ad portas inferi»: das Stichwort zum Anfang der «Divina Commedia».

[15] Luc. 1, 35: «Et virtus Altissimi obumbrabit tibi».

bitationes, das biblische Wort; man wird der Bildsprache der Mystikerin nicht gerecht, wenn man ihm seine konkrete Bedeutung nimmt.[16] Die Schauplätze des Seelenlebens gehen ineinander über – von der Hölle durch die Welt zum Himmel[17] –, und aus der wechselhaften Rede Katharinas spricht die Erregung, die sich ihrer bei diesen Übergängen bemächtigt, die aber auch ihre spirituelle Intimität mit dem Empfänger des Briefes zu wecken scheint.

Zuletzt erwähnt sie Neri di Landoccio dei Pagliaresi, ihren Sekretär – der die Heilige nach ihrem Tod in rührenden Versen feiern wird – ; er ist in ihrem Auftrag nach Avignon aufgebrochen, und Raimund soll nun darüber entscheiden, ob er «an den Hof gehen» soll, um dort in ihrem Auftrag «für den Frieden mit jenen verderbten Gliedern zu wirken, die sich gegen die heilige Kirche auflehnen»;[18] so wendet sich Katharinas Aufmerksamkeit wieder der irdischen *habitatio* zu.

Ein Auftrag an den Papst (267)

Die Folge der Briefe Katharinas an Raimund von Capua weist lange Unterbrechungen auf; da müssen wir uns das Gespräch, vielleicht auch mündlich übermittelte Botschaften dazudenken. Der Vergleich mit ihren meist kurzen Briefen an Helfer wie Neri di Landoccio oder Stefano Maconi zeigt aber, wieviel höhere Ansprüche die Abwesenheit des Magisters an sie stellte – dass die Entfernung sie zu besonders verbindlicher Rechenschaft anhielt. – Im Herbst

[16] So Tommaseo in seinem Kommentar: «*Abitazione* qui non è il luogo, ma l'atto, come il *conversatio* di Paolo»; aber wenn Katharina «conversatio» meint, sagt sie «conversazione».

[17] Die Gegenbewegung – «Vom Himmel durch die Welt zur Hölle» – kündigt der letzte Vers des «Vorspiels auf dem Theater» zu Goethes «Faust»-Tragödie an.

[18] Vgl. unten S. 127 und 140f.

1377 war Raimund nach Rom gereist, wo Gregor XI. seit Anfang des Jahrs wieder residierte. Der Wunsch Katharinas, dass der Papst von Avignon in die Ewige Stadt zurückkehre, war in Erfüllung gegangen; ihr Drängen auf einen Kreuzzug und auf die Reform des Klerus hatte dagegen noch keinen greifbaren Erfolg gezeitigt; und ihre Hoffnung, den Papst mit den Florentinern versöhnen zu können, wurde eben jetzt wieder auf die Probe gestellt.[19]

Raimund von Capua scheint in Rom nun seinerseits Erfahrungen gemacht zu haben, denen er durch geduldiges Ausharren begegnen muss; denn Katharina ermahnt ihn im ersten Satz ihres Briefs, «ein wahrer Streiter gegen die Belästigungen und Nachstellungen Satans und gegen die Bosheiten und Verfolgungen der Menschen» zu sein; «wohl wisst Ihr ja, dass Euch die Standhaftigkeit die Frucht Eurer Mühen bringt». Von einer Dienerin Gottes, die stets für ihn bete (sie selbst ist diese *serva di Dio),* habe sie vernommen, «dass Ihr schwere Kämpfe durchgemacht habt und Euer Gemüt verdunkelt wurde durch Vorspiegelung und Betrug des Dämons [des Teufels], der Euch Unrecht für Recht und Recht für Unrecht erkennen lassen wollte. [...] Wenn Ihr von den geistlichen oder den weltlichen Menschen und auch im mystischen Leib der heiligen Kirche [im Klerus] Anfeindungen oder Missfallen oder Unwillen des Stellvertreters Christi um Eueretwillen ertragen musstet oder meinetwegen ertragen müsst, so lehnt Euch nicht auf; sondern [...] denkt darauf, dass Gott Euch würdig mache, um der Liebe zur Wahrheit willen zu dulden, und um seines Namens willen verfolgt zu werden». Da zeichnet sich ab, dass Raimund gerade als Sachwalter Katharinas, die sich an der Kurie in Avignon nicht nur Freunde gemacht hat, Intrigen in der Umgebung des Papstes ausgesetzt ist und nicht sicher sein kann, dass ihm Gregor XI. mit Wohlwollen begegnen wird.

[19] Vgl. auch unten S. 81 f.

Für den Fall nun, dass eine Audienz zustande käme («Se venisse il caso, carissimo padre, che vi trovaste dinanzi alla Santità del Vicario di Cristo, dolcissimo e santissimo padre nostro»; die Wahl der Worte deutet schon an, dass der Brief dem Papst vorgelegt werden konnte), soll der Heilige Vater hören, dass Katharina sich «Unwissenheit und Nachlässigkeit gegenüber Gott» und «Ungehorsam gegen meinen Schöpfer» vorwirft – «schwere Versäumnisse, durch die [der Papst] und die Kirche viele Verfolgungen zu erleiden hatten». Auch hier erkennt man die Doppelpräsenz der himmlischen und der irdischen *habitatio*. Denn gemeint ist zunächst, dass Katharina die Inständigkeit und die Beständigkeit des Gebets nicht aufgebracht habe, die Gott um des Heils seiner Kirche willen von ihr gefordert hat. Dann aber lässt sich ihr Schuldbekenntnis auch so verstehen, dass sie dem Wunsch des Papstes, sie möge zwischen ihm und den rebellischen Florentinern vermitteln, noch nicht nachgekommen ist. «Sagt ihm aber, dass ich nach meinem besten Vermögen trachten werde, meine Fehler gutzumachen und ihm noch vollkommener gehorsam zu sein» – nämlich sich selbst nach Florenz zu begeben, wohin sie vorerst nur Stefano Maconi abgesandt hat.[20]

Und dieser Mission gibt sie sogleich einen wiederum geistlich-weltlichen Inhalt, indem sie die Aufforderung, Böses mit Gutem zu vergelten, nun an den Papst richtet. Auch er soll «den Kopf nicht zurückwenden» und auf das ihm angetane Unrecht schauen, sondern durch Duldung («con molto sostenere») den Frieden und die Erneuerung fördern und «wie ein Lamm sich mitten unter die Wölfe werfen[21] im Verlangen nach der Ehre Gottes und nach dem

[20] Von den diplomatischen Bemühungen Katharinas ist im grösseren Zusammenhang weiter unten die Rede. Doch kann man hier schon feststellen, dass Gregor XI. auf diese Bemühungen jedenfalls Wert legte.

[21] Vgl. Luc. 10, 3.

Heil der Seelen; von der Sorge um die zeitlichen Dinge ablassend und die geistlichen in Acht nehmend». Frieden und Erneuerung – womit sie Frieden *durch* Erneuerung meint: nur eine Kirche, die sich auf ihre ursprüngliche Sendung besinnt und «mehr auf den Verlust der Seelen als auf den der Städte achtet»,[22] wird die Eintracht unter den Christen wiederherstellen. «Wehe, wehe, wehe, heiligster Vater!» – so wendet sie sich jetzt an den Papst, zu dem sie bis dahin durch Raimunds Vermittlung gesprochen hat – «hättet Ihr das am ersten Tag, da Ihr an Eueren Ort [nach Rom] kamt, getan! Ich hoffe auf die Güte Gottes und auf Euere Heiligkeit, dass Ihr das, was nicht getan ist, tun werdet. Und auf diese Weise werden die weltlichen und die geistlichen Güter wiedergewonnen. Das ist es, was Gott (und Ihr wisst, dass es Euch gesagt wurde) von Euch verlangt: dass Ihr für die Reformation der heiligen Kirche sorgt, die Missbräuche ahndet und die rechtschaffenen Hirten einsetzt; und dass Ihr den heiligen Frieden mit den fehlbaren Söhnen auf die denkbar beste, auf die Gott wohlgefälligste Weise herstellt: so, dass Ihr Euch dann aufmachen könnt, um mit Eueren Waffen das Banner des heiligsten Kreuzes gegen die Ungläubigen zu tragen.»

Demut, Schuldbewusstsein, oder besser: das demutvolle Bewusstsein ihrer Unzulänglichkeit hindert Katharina nicht daran, dem Papst ein Programm wieder einzuschärfen – oder einschärfen zu lassen –, das sie ihm auch schon vorgetragen hat; der Vorwurf der *negligenzia* klingt sehr hörbar mit. Und sie rechnet mit seinem Missfallen, dem sie auf doppelte – auch fast «zweischneidige» – Weise begegnet. «Zu wem sollte ich gehen»,[23] fragt sie, «wenn Ihr mich verlasst? Bei wem meine Zuflucht finden, wenn Ihr mich verstosst?» Eine rhetorische Frage, die sie aber dann auch be-

[22] Vgl. oben S. 60.
[23] Vgl. Joh. 6, 68.

antworten kann: ihre Zuflucht wird sie bei Christus finden; er wird sie aufnehmen, «und da er mich aufnimmt, werdet Ihr [könnt Ihr ...] mich nicht verstossen»; und so werden sie und der Papst mit den Waffen der Tugend für die heilige Kirche kämpfen. «In ihr will ich mein Leben beschliessen, mit Tränen und Schweiss und mit Seufzern, und will ihr mein Blut und das Mark meiner Knochen geben [...] Die Wahrheit aber soll mich reinigen von meiner Schuld und soll mich frei machen.»[24] Mit solcher Gewissheit kann sie den Papst zur Rechenschaft ziehen – und kann am Ende des Briefs, da sie sich wieder an Raimund wendet, auch ihn auffordern, seiner Heiligkeit furchtlos gegenüberzutreten und mit festem Glauben und Opferwillen das vorzutragen, was sie ihm schreibe, «so, wie der Heilige Geist es Euch tun lässt»; denn sie weiss, dass eine solche Botschaft nur zur rechten Stunde die erwünschte Wirkung tut.

Auf dem Weg zum «Buch» (272)

Raimund von Capua hält sich noch in Rom auf, als Katharina – im Oktober 1377 – einen Brief an ihn richtet, der den Charakter und fast das Ausmass eines Traktats annimmt. Sie habe diesen Brief mit eigener Hand geschrieben, sagt sie zuletzt; daraus ist zu schliessen, dass es ihr damals möglich (geworden?) war, sich auch einmal ohne Sekretär zu behelfen; was aber gewiss eine Ausnahme blieb. Doch dass sie «mit vielen Seufzern und reichlichen Tränen und voller Verwunderung über mich selbst und über Gottes Güte» geschrieben habe, bezieht sich nicht auf die handschriftliche Arbeit und ihr Gelingen, sondern auf den Inhalt des Schreibens, das zu einem grossen Teil in Eröffnungen Gottes gegenüber einer betenden Magd – ihr sel-

[24] Vgl. Joh. 8, 32.

ber – besteht. Das mit «lagrime e sudori» verrichtete Gebet hat sie verrichtet (oder, der Fiktion nach, verrichten lassen), nachdem sie Briefe sowohl von Raimund als auch von Gregor XI. erhalten hatte, und die Fürbitte galt der «sposa di Dio», der Kirche, und der «infermità del babbo», der Schwäche des Papstes; womit Katharina anscheinend nicht ein körperliches Gebrechen meint, sondern einen Charakterfehler.[25]

Raimund weiss, wie sie sagt, dass wir der vielen Verfolgungen, denen wir um Christi und der Kirche willen ausgesetzt sind, nicht achten sollen; wäre doch «der ein grosser Narr, der von der Rose liesse aus Furcht vor den Dornen». Die Bitterkeit seiner Worte hat indessen auch sie mit Bitterkeit erfüllt wegen des Schadens, den die Kirche durch nichtswürdige Diener erleidet. Und Gott, dem sie nun ihre Sorge vorträgt, bestätigt voll Trauer der «figlia dolcissima», dass das Antlitz der heiligen Kirche beschmutzt und verunstaltet ist durch Unreinheit, Eigensucht, Hochmut und Geiz der Diener, des Klerus. Doch verheisst er ihr Besserung; und da sie ihn auch für die Menschheit im ganzen bittet, verspricht er ihr, die Geschöpfe ihre Undankbarkeit gegen den Schöpfer nicht entgelten zu lassen; und sie kann sehen, wie er die gesamte Welt, «tutto l'universo mondo», in seiner Hand hält. Ihr drittes «Gesuch» aber hat ihren «Hunger nach Euerem Heil» zum Ausdruck gebracht, und darauf antwortet Gott, weder er (Raimund) noch sie noch ein anderer könne zum Heil gelangen «ohne die vielen Verfolgungen, so wie ich sie euch gewähren werde. Sage ihm: wenn es ihn nach meiner

[25] Die habituelle Unentschlossenheit dieses Papstes ist auch von der neueren Forschung erkannt worden. Eugenio Duprè Theseider, I Papi d'Avignone e la questione romana, Firenze 1939, S. 191: «Wenn er sich dazu durchringt zu handeln, verraten seine Vorkehrungen viel eher den Starrsinn des Schwachen als den ruhig-geradlinigen Willen des Starken.»

Ehre in der heiligen Kirche verlange, müsse es ihm lieb sein, mit wahrer Geduld *(pazienzia)* auszuharren. Und daran werde ich sehen, dass er und meine anderen Knechte in Wahrheit nach meiner Ehre trachten.[26] Und dann wird er der liebste Sohn sein und an der Brust meines eingeborenen Sohnes ruhen, den ich zur Brücke gemacht habe, damit ihr alle dazu gelangt, die Frucht eurer Mühen zu kosten und zu empfangen.»

Hier also erscheint für einmal auch in einem Brief Katharinas das Bild, das in dem «Dialogo della Divina Providenza» (auch «Il Libro della Divina Dottrina» genannt) den Kern ihrer Erlösungstheologie bildet. Sie wird das Buch im folgenden Jahr diktieren, und hier hält sie in zwei Sätzen fest, was ihr Gott dazu eingibt:

«Wisst, meine Kinder, dass der Weg unterbrochen wurde durch die Sünde und den Ungehorsam Adams, dergestalt, dass niemand an sein Ziel gelangen konnte; und so erfüllte sich meine Wahrheit nicht, dass ich ihn nach meinem Bilde, mir ähnlich, geschaffen hatte,[27] auf dass er das ewige Leben habe[28] und teilhabe und sich erlabe an mir, der ich höchste und ewige Güte bin. Diese Schuld hat Dornen und Stacheln vieler Drangsale *(triboli di molte tribolazioni)* hervorgebracht, und einen Fluss, der immerfort seine Wellen schlägt;[29] und darum habe ich euch meinen Sohn gegeben, als Brücke, damit ihr nicht untergeht, wenn ihr den Fluss überquert.»

[26] Vgl. 1. Cor. 10, 31. Die Bitte für den «padre dell'anima sua» kehrt im «Dialogo» wieder (S. 58).

[27] Vgl. Gen. 1, 26.

[28] Vgl. 1. Joh. 2, 25 u.a.

[29] Eine unklare Stelle, und nicht die einzige in diesem ohne Assistenz verfassten Brief; es ist möglich, dass sich Katharina an Exod. 7, 17 erinnert, sie will aber wohl sagen, der Fluss verhalte sich so, dass er nicht überquert werden könne. – So wenig man argwöhnen sollte, dass die Helfer, denen Katharina diktiert hat, ihre Gedanken veränderten, so nahe liegt die Vermutung, dass sie gelegentlich klärend eingriffen, wo es der Wortlaut erforderte.

Diese Brücke reicht vom Himmel zur Erde, «sie vereint die Höhe des Himmels, das heisst die göttliche Natur, mit der Erde eueres Menschseins. Also frommt es euch, über diese Brücke zu gehen und die Ehre meines Namens im Heil der Seelen zu suchen. [...] Doch achtet darauf, dass ihr nicht unter der Brücke hingeht, denn nicht dies ist der Weg der Wahrheit. Weißt du, wer jene sind, die unter der Brücke hingehen? Es sind die Ungerechten, die Sünder, für die ihr bitten sollt *(per li quali io vi prego che mi preghiate)* und für die ich euch Tränen und Schweiss abverlange; denn sie liegen in der Finsternis der Todsünde. Diese gehen durch den Fluss und der ewigen Verdammnis entgegen ...»

Die drohende Verdammnis, der die Sünder über die Stufen der Furcht, der Selbstentäusserung, der reinen Leidensbereitschaft entgehen – und von jeder Stufe können sie wieder zurückfallen nach dem von Katharina oft zitierten «Vorbild» des Hundes, der wieder frisst, was er ausgespien hat[30] –, wird im «Dialogo» breiten Raum einnehmen, während das Thema in der Korrespondenz selten anklingt; es gehört der Dogmatik an: die Seelsorge bedient sich seiner nur in Extremfällen. In diesem Brief aber wird eine Nutzanwendung immerhin angedeutet; denn Gottes Rede bewirkt, dass sich die Hörerin von der Erde fortwünscht, dorthin, wo die Tugenden der wahren Priester und vollkommenen Ordensleute erstrahlen, «welche in diesem Leben standen wie brennende Lichter, auf den Leuchter der heiligen Kirche gestellt,[31] dass sie die ganze Welt erhellten. Wehe, lieber Vater [*babbo*, damit meint sie gewöhnlich den Papst], welch ein Unterschied war das zwischen jenen und denen von heute! Und über diese klagte er [Gott] mit gerechtestem Eifer, indem er sprach:

‹Diese haben die Natur der Fliege angenommen, des hässlichen Tiers, das sich auf Süsses und Duftendes und,

[30] 2. Petr. 2, 22.
[31] Vgl. Matth. 5, 15.

wenn es davon gewichen ist, ohne Bedenken auf Ekles und Unreines setzt. So haben diese Ungerechten sich hingesetzt, um von der Süsse meines Blutes zu kosten, und sind sie vom Tisch des Altars aufgestanden, wo sie meinen Leib und die anderen Sakramente der heiligen Kirche bewahren und verwalten (die voll köstlichen Duftes und grosser Süsse sind, von denen die Seele, die sie wahrhaft kostet, lebt und ohne die sie nicht leben kann), dann tragen sie kein Bedenken, sich in soviel Unrat zu setzen, wie es ihr Geist und ihre Körper vermögen; dergestalt, dass nicht nur mich all des Unrechts ekelt, sondern dass es den Dämonen vor solch elender Sünde graust.›»

Ob Katharina erwartet hat, dass Raimund von Capua diese Klage Gottes über seinen Klerus dem Papst übermitteln werde? Jedenfalls nur für den Adressaten bestimmt ist der letzte Teil ihres Briefs, in dem sie von einer vierten Bitte spricht – oder nicht spricht; denn sie will, wie sie sagt, erst mündlich darüber berichten, «wenn Gott mir nicht solche Barmherzigkeit und Gnade erweisen sollte, dass meine Seele aus diesem elenden Leib entwiche, bevor ich Euch wiedersähe». Sie verschweigt aber nur, wem ihr letztes «Gesuch» gegolten habe; die Antwort Gottes, die ihr noch einmal den rechten Weg – des Verzichts, der vollkommenen Hingabe und Leidensbereitschaft, der vorbehaltlosen Nächstenliebe – gewiesen hat, ist in aller Ausführlichkeit wiedergegeben; und die hochbeglückte Zuversicht, die Katharina zuletzt bekundet, legt die Vermutung nahe, dass sie selbst es gewesen sei, für die sie gebeten hat.

Ein Streich des himmlischen Bräutigams (295)

Im Sommer 1378 ist Katharina in Florenz und wird dort bleiben, bis Papst Urban VI., der Nachfolger des am 27. März jenes Jahrs verstorbenen Gregor XI., mit der Stadt endlich Frieden schliessen kann, wovon im hier folgenden Kapitel die Rede ist. Auch in dem Brief, den sie kurz nach dem 22. Juni an Raimund von Capua richtet, bittet sie um diplomatische Unterstützung: der Magister soll in Rom darauf hinwirken, dass der Heilige Vater nicht «wegen des Geschehenen *(per lo caso occorso)* den Frieden hinausschiebt, sondern ihn um so eiliger schliesst, damit dann die anderen grossen Dinge getan werden können, die er zur Ehre Gottes und zur Erneuerung der heiligen Kirche tun muss». Mit dem «Geschehenen» meint sie den Aufstand der «Ciompi», der untersten Handwerkerschicht in Florenz, der sie soeben selbst in Lebensgefahr gebracht hat.

Der Brief beginnt aber mit einer hymnischen Anrufung des heiligen Blutes («O sangue dolce ...»), das die Märtyrer vergossen haben und auf das die Kirche gegründet ist. In seinem Zeichen verzichten wir auf unser Selbst und geben uns ganz der Wahrheit hin, und so sind wir getreue Verlobte («ed allora saremo sposi fedeli») – sie wie auch Bruder Raimund, in mystischer Übereinstimmung, in ihrer beider Vereinigung mit dem Gekreuzigten und seiner Kirche. Und in eben diesem Zeichen will Katharina «heute einen neuen Anfang machen, damit meine Sünden mich nicht zurückhalten von solcher Wohltat, wie die es ist, das Leben für Christus, den Gekreuzigten, hinzugeben; denn vordem, das sehe ich jetzt, war sie mir meiner Fehlbarkeit wegen verwehrt.» Ein neues Verlangen habe sie ergriffen, zur Ehre Gottes, zum Heil der Seelen und für die Reform der Kirche ihr Leben zu opfern: ein «seliges und schmerzliches Verlangen», weil es ihr einerseits die «Vereinigung in der Wahrheit» verhiess und sie andererseits unter den Kränkungen leiden liess, die Gott angetan wurden, als nun die ganze Stadt in den Schatten der Dämonen geriet und die Menschen die Besinnung verloren. «Und beinahe schien es, als liesse Gott es geschehen um der Gerechtigkeit und der göttlichen Züchtigung willen. So konnte mein Leben sich nur in Klage verströmen ob meiner Furcht vor dem grossen Unheil, das nun hereinbrechen musste und den Frieden verhindern würde.» Doch habe Gott es so gefügt, dass durch den Aufruhr fast niemand, mit Ausnahme der bestraften Schuldigen, umgekommen sei. Dieser Wunsch also sei ihr erfüllt worden; «doch das Verlangen, mein Leben für die Wahrheit und für die Braut Christi hinzugeben, hat sich mir nicht erfüllt. Sondern der himmlische Bräutigam hat mir einen grossen Streich gespielt *(mi fece una grande beffa)»* – er hat ihr zu verstehen gegeben, sie verdiene es nicht, dass ihr Blutopfer Leben spende, die verblendeten Geister erleuchte, den Sohn mit dem Vater versöhne «und dass mit meinem Blut ein Stein in den mystischen Leib der heiligen Kirche gemauert würde».

Eben dies aber: dass Katharina, an der Costa di San Giorgio von Aufständischen überfallen und mit dem Tode bedroht,[32] durch wunderbare Fügung dem Martyrium entgangen ist, das sie so sehr herbeigesehnt hatte, ist nun auch Anlass zur Freude; denn die göttliche Vorsehung lässt sie auf «die Zeit der neuen Märtyrer» hoffen: sie ist aufgespart worden, um sich dereinst des Blutopfers würdig zu zeigen, und inzwischen kann schon die Verweigerung ihres Todeswunschs als läuternde Prüfung gelten. Darum sollen nun «Ihr und ich damit anfangen, dass wir uns über meine Unvollkommenheit grämen, da mir meiner Sünde wegen so grosse Wohltat verweigert wurde. Wie selig wäre ich jetzt [schon] gewesen, hätte ich um der *dolce sposa* [der Kirche], um des geliebten Bluts und des Heils der Seelen willen mein Blut hingegeben! Nun [aber] freuen wir uns und seien getreue Verlobte» – des Bräutigams, Christus, und der Braut, der Kirche.

[32] «Io son essa», habe sie zu dem Mann gesagt, der sie töten wollte. «Tolli me, e lassa stare questa famiglia» – nach Joh. 18, 8 («Ich habe euch gesagt, dass ich es bin. Wenn ihr also mich sucht, so lasst diese gehen!») Die Worte seien ihm wie Dolche ins Herz gefahren. – Die Legende entsteht im Reden und Handeln der Beteiligten selbst.

Im Spätherbst des Jahrs 1378 zieht Katharina nach Rom, vielleicht auf den Wunsch, jedenfalls mit der Billigung Urbans VI. Kurz zuvor haben abtrünnige Kardinäle einen Gegenpapst, Clemens VII., gewählt, und die Auseinandersetzung mit seinem schismatischen Anhang, die Verteidigung des rechtmässigen Statthalters Christi auf Erden nimmt nun die ganze Energie der Briefschreiberin in Anspruch. Im Dezember macht sich Raimund von Capua nach Frankreich auf, um König Karl V. von der Legitimität Urbans VI. zu überzeugen. Morddrohungen halten ihn davon ab, seine Reise über Ventimiglia hinaus fortzusetzen; er hält sich längere Zeit in Genua auf, und dorthin schreibt ihm Katharina.

Versteht man den Text – den zweitletzten der uns erhaltenen Briefe, die sie an den Magister gerichtet hat – von seinem augenblicklichen Zweck her, so soll er tadeln, dass Raimund sich der Gefahr, vielmehr: dem schon zum Greifen nahegerückten Gnadenerweis des Martyriums entzogen hat. Doch diesem Vorwurf nähert sich Katharina auf einem Umweg, der ihn von vornherein in einen fundamentaltheologischen Zusammenhang stellt. – Den Anfang des Briefs könnte man für einen pädagogischen Kunstgriff halten: sie klagt sich selber an, weil sie die Furcht noch nicht überwunden hat, die ihr den Aufstieg zur vollkommenen Gottes- und Nächstenliebe und damit auch zum vollkommenen Glauben verwehrt; denn «die Liebe ist so gross wie der Glaube und der Glaube so gross wie die Liebe». Da aber Raimund es ist, den die Furcht bezwungen hat, muss er sich angesichts dieser Selbstanklage des unnachsichtigen Beichtkindes um so schuldiger fühlen. Doch geht ihr Bekenntnis über diese vordergründige Absicht hinaus. Wenn sie Gott wirklich liebte, sagt sie, dann wäre sie so getreu im Glauben, dass sie jeden Tag tausendmal («wäre es notwendig und möglich») für Gott und die Kirche stürbe. «Dann würde ich glauben, dass Gott meine Hilfe und mein Beschützer sei, so wie er es für jene glorreichen Zeugen war, die mit Frohmut zur Stätte ihres Martyriums schritten. [...] Aber weil ich nicht liebe, vertraue ich nicht wahrhaft auf ihn; sondern meine Furcht zeigt mir, wie lau die Liebe und wie verdunkelt das Licht des Glaubens ist in meiner Untreue gegen meinen Schöpfer und in meinem Vertrauen zu mir selbst. Ich bekenne und ich leugne nicht, dass diese Wurzel noch nicht ausgerissen ist aus meiner Seele; und dies lässt mich die Werke nicht tun, die Gott mir aufträgt [...] So schaffe mich neu, Herr ...» Und Raimund soll darum beten, dass sie beide («io insieme con voi») stark werden in der Liebe und im Vertrauen zu Gott und im Wirken für seine Gnade («facitori con la Grazia sua, e non disfacitori nè guastatori»).

Dieses «io insieme a voi» gewinnt einen tieferen Sinn, der sich nicht im gemeinsamen Streben nach vollkommener Selbstentäusserung und Glaubenstreue erschöpft: dem «allgemeinen Glauben» entspricht die Liebe, die wir allen Geschöpfen schulden, die Liebe, die aus der Liebe des Schöpfers hervorgeht; aber es gibt auch «einen besonderen Glauben derer, die auf engere Weise miteinander sich lieben *(che più strettamente s'amano insieme)*»; und die «besondere enge Liebe», die «zwischen uns gesetzt ist», bezeugt den Glauben. Nun hat jedoch Raimund in einem Brief die Befürchtung geäussert, dass sich Katharinas Liebe zu ihm (unübersetzbar: «l'affetto e la carità verso voi») vermindert habe; offenbar weil er ihre Enttäuschung über sein Verhalten voraussah. Und aus dieser Enttäuschung wird sie kein Hehl machen; aber fürs erste tadelt sie ihn, weil er nicht begriffen hat, dass die Liebe in ihm sich vermindert und in ihr sich vermehrt hat «im lebendigen Glauben, dass Gott in seiner Güte vollbringen wird, was Ihr nicht vermögt». Das hat sich freilich noch nicht bewahrheitet;

«denn Ihr habt es verstanden, die Last abzuwerfen *(da gittare a terra la soma)*. Und es gibt vielerlei Arten, die ungläubige Schwachheit zu bemänteln, aber keine, die ich nicht sehr wohl durchschaue; und ich will froh sein, wenn sie sonst niemand sieht.» Wie er da auf den Gedanken hat kommen können, ihre Liebe zu ihm habe nachgelassen? «Könnt Ihr denn glauben, dass ich etwas anderes wollte, als dass Eure Seele lebe? Und wo ist der Glaube, den Ihr doch immer hattet und dessen Ihr so gewiss wart? [...] Wäret Ihr treu im Glauben gewesen, so hättet Ihr nicht geschwankt und wäret nicht Gott und mir gegenüber in Furcht geraten und hättet als gläubig-gehorsamer Sohn getan, was Ihr tun konntet. [...] Dieser Gehorsam hätte im Angesicht Gottes und in den Herzen der Menschen mehr bewirkt als alle menschliche Klugheit. Meine Sünden haben verhindert, dass ich ihn bei Euch sah.» So schreibt sie am Ende wieder sich selbst die Schuld an Raimunds Versagen zu.

Es ist aber ein doppeltes Versagen, das sie ihm – und sich – vorhält. Der Gefahr, von den Anhängern Clemens' VII. ermordet zu werden, hätte er nicht ausweichen sollen; das ist das eine. Warum hat er sich schrecken lassen? Es hat ihm die Glaubensgewissheit gefehlt, die aus der Liebe hervorgeht; sie hat ihm gefehlt, weil er der Liebe Katharinas nicht sicher war; und er ist ihrer deshalb nicht sicher gewesen, weil seine Liebe nicht stark genug war. Doch immer ist es ihre gemeinsame Liebe, die auf dem Spiel steht, und der «besondere Glaube derer, die auf engere Weise miteinander sich lieben»; in der spirituellen Symbiose sind Gemeinsamkeit und Wechselseitigkeit kaum mehr zu trennen, und wenn dem einen die Liebes- und Glaubenskraft fehlen, muss darin auch der andere seine Schwäche erkennen. Im Kern der Theologie Katharinas herrscht diese ruhelose Bewegung: dass sich die Liebe im Glauben erprobt, in ihm wächst und ihn wachsen lässt und im menschlichen Scheitern das Gottesverlangen als rettende Kraft erfährt. «Das

Übermass meiner Mängel», so schreibt sie, «lässt alles Gute zunichte werden. Darüber werde ich Euch vieles zu sagen haben, wenn mir nicht die höchste Gnade zuteil wird, dass ich, bevor ich Euch wiedersehe, von der Erde genommen werde.» Sie ist gestorben, ehe Raimund nach Rom zurückkehrte.

Das Vermächtnis (373)

Mit einem letzten Brief nimmt Katharina in der Fastenzeit des Jahres 1380[33] Abschied von dem Magister. «Ich weiss nicht», schreibt sie, «was Gottes Güte mit mir tun wird, ob sie mich bleiben heisst oder zu sich ruft»; das Vorgefühl des Todes spricht jedoch aus jeder Zeile. Sie schreibt «in dem Wunsch» – die feststehende Formel zunächst –, «Euch als neu gegründete Säule im Garten der heiligen Kirche zu sehen»; die Variante «neu gegründet» erinnert noch einmal an Raimunds schwankendes Verhalten angesichts drohender Gefahr. «Ich will», fährt sie fort, «dass Ihr den Kopf nicht zurückwendet»: auch das eine ihrer oft wiederholten Wendungen, ebenso wie das «Jetzt ist es Zeit», mit dem sie ihn zum Verzicht auf den eigenen Willen und zu unbegrenzter Leidensbereitschaft ermahnt.

Ausführlich beschreibt sie den gleichzeitig quälenden und wunderbaren Zustand, in den ein lebensbedrohender Kräftezerfall sie versetzt hat. Mit körperlichen Schmerzen verbindet sich eine seelische Bedrängnis; die Dämonen wüten gegen sie, «als wäre ich Wurm der Grund dafür gewesen, dass ihnen entrissen wurde, was sie lange Zeit in der Kirche besessen haben». Aus ihrem Arbeitsraum flüchtet sie in die Kapelle, dort sinkt sie zusammen, und ihre Seele

33 Das in der Literatur eingebürgerte Datum des 15. Februar ergibt sich nicht aus dem Text; ein etwas späterer Tag ist wahrscheinlicher.

sieht ihren Körper liegen, «als wäre ich ein anderer».[34] Und während sie ihn liegen lässt, wo er ist, wendet ihr Geist sich dem zu, was der Kirche und dem Gottesvolk nottut; darum bittet sie Gott, und danach bittet sie «für euch alle, dass sich in euch sein Wille und mein Verlangen erfülle». Es wird ihr aber geantwortet: «Zweifle nicht; denn ich werde dein Verlangen und das meiner anderen Diener erfüllen. Du sollst erkennen, dass ich ein guter Meister bin, ein Töpfer, der nach seinem Gefallen die Töpfe zerstört und wiederherstellt *(disfà e rifà)*. Und so nehme ich auch das Gefäss deines Leibes und stelle es wieder her im Garten der heiligen Kirche, auf andere Weise als in der Zeit, die vergangen ist.» Nun belebt sich ihr Körper wieder ein wenig, aber die Dämonen bedrängen sie aufs neue, und sie bittet Gott um Hilfe: «... eile, mich zu erretten.[35] Du hast es zugelassen, dass ich allein bin in diesem Kampf, ohne Erquickung durch den Vater meiner Seele, den meine Undankbarkeit mir genommen hat.» Undankbarkeit gegenüber Gott oder gegenüber dem geistlichen Mentor, der ihr in dieser Stunde nicht beistehen kann? Das lässt sich kaum unterscheiden; denn Katharina muss *ihm* so gut wie *für ihn* dankbar sein.

«Und nun zu Euch, Vater und Sohn [...] : Wenn Ihr spürt, dass Gott auf mich das Auge seiner Barmherzigkeit wendet, dann will er Euer Leben neu machen; und wie gestorben für jede irdische Empfindung sollt Ihr Euch in das Schiff der heiligen Kirche werfen.» Es folgt eine letzte Ermahnung zu einem Leben der vollkommenen Askese. Zusammen mit einigen Getreuen soll Raimund über «das Buch und alles Schriftliche, das ihr von mir findet», so verfügen, wie es der Ehre Gottes am besten dient. Sie glaube, schreibt sie, nach ihrem Tod werde sie mehr als in diesem

34 Die Stelle klingt an 2. Cor, 12, 2 an.

35 Ps. 69, 1.

Leben für ihre Nächsten tun können. Sie werde Gott bitten, «dass er die Fülle der Gnaden, die er in meine Seele gegeben hat, über euch ausgiesse, auf dass ihr Lichter seid, die auf den Leuchter gestellt werden.[36] [...] Und Euch bitte ich, dass Ihr mir Ungehorsam und Unehrerbietigkeit, Undankbarkeit, Schmerz und Bitterkeit, die ich gegen Euch begangen, Euch bezeigt und verursacht habe, und meinen geringen Eifer für Euer Heil verzeiht. Und ich bitte Euch um Eueren Segen.» Nach diesem Abschluss versichert sie Raimund noch einmal, dass sie ihn mit ihren «bitteren Worten» nicht habe betrüben wollen; und auch das soll ihn nicht schmerzen, «dass wir dem Körper nach voneinander getrennt sind; und wenn mir dies auch ein grosser Trost wäre, so sind für mich Trost und Freude noch grösser, die Frucht zu sehen, die Ihr in der heiligen Kirche hervorbringt.» Das ist so verstanden worden, dass für Katharina schon dieses Getrenntsein im irdischen Leben – ihr Tod – ein grosser Trost war. Die Deutung ist möglich; aber zulässig auch eine andere: dass sie Trost geschöpft hätte aus der Gegenwart des vertrautesten Menschen.

[36] Matth. 5, 15.

AN DIE REGENTEN

Siena (123)

In der Vaterstadt Katharinas bildeten seit dem 11. Dezember 1368 fünfzehn «Signori difensori» oder «riformatori» unter dem Vorsitz des «Capitano del popolo» die oberste Behörde der Republik. Eine frühere Oligarchie, die Herrschaft der Neun, war 1355 von den Piccolomini, Tolomei, Saracini und Salimbeni gestürzt worden[1] – von grossen Familien, die auf Unterstützung sowohl Kaiser Karls IV. wie auch des Volks hatten rechnen können, die aber die Macht schon bald an Vertreter des Bürgertums abgeben mussten und sich gegenseitig befehdeten; den Streit zwischen Tolomei und Salimbeni hat Katharina dann schlichten helfen. Gleichzeitig lag Siena mit Perugia im Krieg um die Herrschaft über Cortona und Montepulciano; die Untertanenverhältnisse blieben schwankend, und Söldnerführer wie John Hawkwood («l'Acuto») mit ihren Heerhaufen machten das Land unsicher. Die Regierung der «riformatori» – die Bezeichnung rührt von einer Neuordnung des Finanzhaushalts her – war auch ihrerseits von Karl IV. begünstigt worden und bestand aus «homines novi», denn die Fünfzehn stammten nicht aus den bisherigen Ratsgeschlechtern. Sie unterhielten kein ungetrübtes Verhältnis zu Katharina und ihrer Gemeinschaft, mit der besonders die Salimbeni verbunden waren. Auch der Konflikt zwischen

[1] Zur Vorgeschichte: William M. Bowsky, A Medieval Italian Commune. Siena under the Nine, 1287–1355, Berkeley / Los Angeles / New York 1981.

Siena (wie so vielen anderen Städten Italiens) und dem avignonesischen Papsttum hat die Beziehungen des weltlichen Regiments zu einem so ausgeprägt kirchlichen Kreis belastet, obwohl Katharina den verbreiteten Unwillen über die Verhältnisse im Klerus mit besonderer Schärfe zum Ausdruck gebracht hat.

In den frühen 1370er Jahren schreibt Katharina den Regenten einen Brief, der sich nur im letzten Abschnitt auf ihre augenblickliche Situation bezieht: Sie ist zur Rückkehr nach Siena aufgefordert worden, entschuldigt sich aber mit einer Verpflichtung gegenüber dem Konvent der Dominikanerinnen in Montepulciano und mit der Aufgabe, Frieden zu stiften zwischen zwei Familien, die von den «difensori» nicht versöhnt worden sind;[2] an ihr soll es nicht liegen, wenn sich der Streit weiter hinzieht. Sie sagt nicht – meint aber vielleicht –, es sei hier ein Beispiel gegeben für den Auftrag, den Gott den Regierenden erteilt hat; eben diesen Auftrag umschreibt sie in ihrem Brief. Und sie schliesst an die einleitende Wunschformel («con desiderio di vedervi ...») sogleich den Gedanken an, der ihrer religiös-politischen Lehre zu Grunde liegt: Als «beherzte Männer und nicht als furchtsame *governatori* [Vorsteher/Statthalter] der eigenen und der geliehenen Stadt» wünscht sie die Adressaten zu sehen; denn die Furcht entsteht aus der Selbstsucht, und der Herrscher, der an den eigenen Vorteil denkt oder sich bei den Untertanen beliebt machen will, kann nicht Gerechtigkeit üben, sondern lässt sich von blindem Misstrauen leiten.[3] Die «città propria» ist das von Ei-

[2] Über diese Zusammenhänge: Gino Naldi, S. Caterina da Siena a Montepulciano in Val d'Orcia e nel Monte Amiata. Quaderni Cateriniani 19, Siena 1977.

[3] Dass die Fünfzehn sie aufgefordert hatten, nach Siena zurückzukehren, lässt sich als Symptom des Argwohns deuten, mit dem die Regenten das Wirken Katharinas im Umkreis verfolgten; und es ist möglich, dass sie ihnen dies indirekt vorhält.

genliebe befreite Gewissen, das sich zur Ehre des Schöpfers dem selbstlosen Dienst an den Geschöpfen zuwendet und jede weltliche Machtbefugnis als nur «geliehen» erkennt.

Aus Furcht und Selbstsucht hat Pilatus gehandelt, als er Christus töten liess:[4] dass er sein Amt nicht verlieren wollte, machte ihn blind, so dass er die Wahrheit nicht sah.[5] «Und so scheint mir, die Welt sei voller ‹Pilati›, die aus blinder Furcht nicht davor zurückschrecken, die Diener Gottes zu bedrängen und sie mit Worten, mit Niederträchtigkeiten und Nachstellungen zu steinigen.» Nicht in niedriger, sondern in heiliger Furcht müssen wir auf Gott und seine Diener zugehen, statt ihnen mit Nachreden und wahllosen Verdächtigungen zu Leibe zu rücken. Merkwürdig ist, dass Katharina hier die von Augustinus und unter Berufung auf ihn von Iacobus a Voragine verworfene Legende einflicht, nach der ein Beleidiger des Apostels Thomas zur Strafe für einen Schlag, den er ihm versetzt hat, von einem Löwen getötet und seine Hand dem Heiligen von einem Hund überbracht wird.[6] Das grausame Märchen dient ihr als Folie für die Geduld und die Milde, die Christus gegenüber *seinen* Beleidigern übt: zu dem Diener des Hohenpriesters, der ihn geschlagen hat, sagt er *benignamente*: «Wenn ich unrecht geredet habe, beweise, dass es unrecht war; wenn aber recht, warum schlägst du mich?»[7] Der Apostel muss, so gut wie der Landpfleger, dazu dienen, den Herren von Siena

[4] «... e per questo uccise Cristo»: Katharina macht nicht die Juden, sondern den römischen Statthalter für die Hinrichtung Jesu verantwortlich.

[5] Katharina folgt im Weiteren der «Legenda aurea» des Iacobus a Voragine (LI: *De passione Domini*), wo das spätere Schicksal und das schreckliche Ende des Pilatus geschildert werden.

[6] Augustinus, *Contra Faustum* 22, 79; Iacobus a Voragine, a. a. O. V: *De sancto Thoma apostolo.*

[7] Joh. 18, 23. – Dante, *Purgatorio* 15, 102 f.: «E l segnor mi parea, benigno e mite, risponder lei con viso temperato ...»

drastisch vor Augen zu führen, dass nicht die Sorge um persönliche Macht oder Ehre sie leiten soll, sondern «die heilige Furcht, die in brüderlicher Liebe, in Frieden und Einheit mit Gott und mit dem Nächsten gegründet ist, mit wahren und wirklichen Tugenden»: so kommen sie in den Besitz der «Stadt unserer Seele», die «der nicht besitzt, der in Hass und Groll und in Zwietracht so schmutzig und lästerlich lebt, dass nichts ihn vom Schwein unterscheidet».

Es ist, als könne sie den Herren gar nicht deutlich und oft genug erklären, worauf es ankommt: «Der ist wahrlich blind, der solch feurige Liebe [Gottes] nicht wahrnimmt und nicht das eigene Elend, zu dem er sich in der Finsternis der Todsünde führen lässt [...] Er wird das Geliehene nicht besitzen, solange er sich nicht selbst regiert und beherrscht. Geliehene Herrschaft sind Stadt- und andere zeitliche Herrschaften, die uns und den anderen weltlichen Menschen geliehen sind; geliehen auf Zeit, so wie es der Güte Gottes gefällt und wie es den Regeln und Bräuchen der Länder entspricht [...] Wer sich selber beherrscht, wird [die Herrschaft] in heiliger Furcht innehaben, mit geregelter und nicht ungezügelter Liebe, als geliehene und nicht eigene; und er wird diese ihm geliehene Herrschaft mit Ehrfurcht vor dem, der sie ihm gegeben hat, ansehen. Nur von Gott habt Ihr sie erhalten ...» Sie weiss, wie hart sie zu den Stadthäuptern redet: «Verzeiht meine Anmassung. Meine Liebe zu Euch und zu allen anderen Bürgern und der Schmerz, den mir Euer so wenig nach Gottes Willen geordnetes Wesen und Tun bereitet, müssen mich vor ihm und vor Euch entschuldigen.»

Das gespannte Verhältnis Katharinas zu der heimatlichen Republik wird – in beabsichtigter Steigerung? – immer offensichtlicher. Wenn sie von ihrer Liebe zu allen Mitbürgern spricht, klingt das «Liebet eure Feinde» unüberhörbar mit; zuletzt bedauert sie all die «Sorge und Mühe», die man sich in Siena macht, um über sie und ihren Anhang («la compagnia che ho con meco») so schlecht wie möglich zu denken und zu reden. Und den Regenten dankt sie für ihre Aufmerksamkeit, die sie unverdient nennt – sie muss Gott das Mass ihrer «Tüchtigkeit» überlassen –,[8] und versichert sie ihres Gehorsams unter der Zustimmung des Heiligen Geistes: sie wird sich ganz nach ihrem Gefallen richten und doch stets «den Willen Gottes über den der Menschen stellen».

Mailand: Bernabò Visconti (28)

Die Ermahnung, die Katharina an die Herren von Siena richtet, zunächst und vor allem die Liebe Gottes wahrzunehmen, hat sie ausführlicher in dem Brief formuliert, den sie im Winter 1373/74 dem «Signore» von Mailand, Bernabò Visconti, überbringen liess.[9] Der leidenschaftliche Machtpolitiker, der in beständigem Streit mit den toskanischen Städten, aber auch mit den Päpsten von Innozenz VI. bis zu Gregor XI., seine Herrschaft im westlichen Nord- und Mittelitalien ausbaute, legte offenbar Wert darauf, mit Katharina in Verbindung zu stehen. Auch seine Gemahlin, Regina della Scala von Verona, hat mit ihr korrespondiert, und von seiner Schwiegertochter Elisabeth von Bayern stammt einer der leider so wenigen an sie gerichteten Briefe, die sich erhalten haben. – «Amate, amate», schreibt Katharina: zuerst hat der Schöpfer seine Geschöpfe geliebt, und wiederum tilgt allein seine Gnade die Schuld, in die der erste Mensch durch seinen Ungehorsam verfallen ist. «Was kann man noch mehr sehen, als dass sich Gott zum Menschen erniedrigt hat?»[10] Ohne ihn sind wir nichts,

[8] Vgl. 2. Cor. 3, 5.

[9] Duprè Theseider, Epistolario Nr. XVII.

[10] Vgl. Phil. 2, 8. – Dante, *Paradiso* 7, 118–120: «… se l Figliuol di Dio / Non fosse umiliato ad incarnarsi.»

«und darum können wir uns nicht für die Herren irgendeiner Herrschaft der Welt erachten [...] Und wenn Ihr mich fragt: ‹Hat denn der Mensch in diesem Leben keinerlei Herrschaft?›, so antworte ich Euch: ‹Doch, er hat die sanfteste und die gnädigste und die mächtigste Herrschaft, die es geben kann, und das ist die Stadt unserer Seele.› [...] Und diese Stadt ist so fest und die Herrschaft über sie so vollkommen, dass weder ein Mensch noch ein Dämon sie uns entreissen kann.» Andererseits – und das soll der «padre carissimo», wie sie Bernabò nennt, beherzigen – fällt wohl vielen der Sieg über Städte und Burgen zu, doch gewinnen sie nichts dabei, da sie sich selber und ihre Feinde: die Welt, das Fleisch und den Teufel, nicht überwinden.[11] Nur der Liebe Gottes danken wir den freien Willen,[12] durch den wir allem widerstehen, was uns von ihr scheiden könnte.[13]

Da nun Gottes Sohn sein Blut dahingegeben hat in den Leib der heiligen Kirche, will er auch, dass es durch die Hände seines Stellvertreters – als Sakrament – «verwaltet» wird. «Und darum ist derjenige töricht, der sich von diesem Stellvertreter entfernt oder ihm widersteht [...]. Selbst wenn er der verkörperte Satan wäre, dürfte ich [aber sie meint: ‹dürftet Ihr›] nicht das Haupt wider ihn erheben.» Und jetzt direkt: «Ich bitte Euch um der Liebe des gekreu-

11 Bernhard von Clairvaux, *In vigilia nativitatis Domini sermo* II, 2: «Multos quidem habetis hostes: carnem, qua nullus potest vicinior hostis; presens seculum nequam, quod undique circumfusum est vobis; principes tenebrarum, qui viam vestram obsident, in aere conlocati» (Duprè Theseider, a. a. O. Anm. 13).

12 Vgl. Dialogo, S. 356f.: «... dove Io gli feci liberi, col sangue del mio Figliuolo, della liberazione generale, quando tutta l'umana generazione fu tratta della servitudine del dimonio e della sua signoria»; hier aber spitzt sich die Aussage auf den Klerus zu: «Questa grazia ricevette ogni creatura che à in se ragione; ma questi che Io ò unti gli ò liberati della servitudine del mondo ...»

13 Vgl. Rom. 8, 37–39.

zigten Christus willen, dass Ihr Euch nie mehr gegen Euer Oberhaupt wendet.» Bernabò soll dem Teufel nicht glauben, der ihm vorspiegelt, er müsse über die fehlbaren Priester richten. «Unser Erlöser will das nicht; er sagt, dies seien seine Gesalbten.[14] Er will nicht, dass Ihr oder irgendein Mensch solche Gerechtigkeit übt, denn Er selbst will sie üben.» Welche Verwirrung würde entstehen, wenn der Knecht dem Richter in den Arm fiele, um den Übeltäter zu verurteilen. Das Urteil müsste auf ihn zurückfallen (ein Satz, den man als Voraussage las, als Bernabò 1385 von seinem Neffen Giangaleazzo beseitigt wurde). «Das Gesetz und die Religion wollen nicht, dass du für Gerechtigkeit sorgst, weil der schlechte Richter es nicht tut» – was Katharina also im Hinblick auf Gregor XI. andeutungsweise einräumt (das «du» bedeutet vermutlich, dass sie im allgemeinen sprechen will, so wie wir «man» sagen). Uns bleibt dann nichts, als in Demut das göttliche Strafgericht zu erwarten.[15] «Ich sage es Euch und bitte Euch im Namen des gekreuzigten Christus, dass Ihr Euch nicht mehr einmischt. Haltet Euch in Frieden an Euere Städte und richtet über Euere Untertanen», aber nicht über die Diener Gottes: «Ihr wäret sonst wie ein faules Glied, vom Leib der Kirche geschnitten.» Noch einmal «im Namen des gekreuzigten Christus» fordert sie ihn zum «wahren und vollkommenen Frieden mit dem gütigen Vater, Christus auf Erden», auf – und zur Teilnahme an dem Kreuzzug, nach dem es den Heiligen Vater sehnlichst verlangt. Das soll seine «sanfte Rache» sein: er hat die Päpste bekämpft, er ist zweimal exkommuniziert worden, Innozenz VI. hat den «Kreuzzug» gegen ihn gepredigt; er aber soll jetzt dem «dolce vicario»

[14] Vgl. Ps. 104, 15.

[15] Vgl. Dialogo, S. 381: «Se Cristo in terra el fa, fa il debito suo, e se nol fa non sarà impunito questo peccato, quando gli converrà rendere ragione dinanzi a me [Dio] delle sue pecorelle.»

beistehen. «Ich will, dass Ihr der Erste seid, der ihn einlädt und drängt, damit alles sich füge»: so mündet der Tadel in eine Reverenz vor der führenden Rolle, die der Visconti im Dienst an der Christenheit übernehmen könnte.

Soll man versuchen, auf Grund eines solchen Briefs den realen Einfluss Katharinas auf das politische Geschehen ihrer Zeit zu bestimmen? Das von Robert Fawtier wiederholt vertretene Urteil ist rasch gefällt: was sie schreibt, ist naiv; die Motive, von denen sich die Machthaber leiten lassen, sind ihr nicht bekannt oder nicht verständlich; was sie ihnen rät, muss die je gegebene Situation verfehlen. Das weitere Verhalten Bernabòs scheint zu bestätigen, dass ihre Mahnungen ungehört blieben. Auch der Brief an Regina della Scala, den sie wohl am selben Tag der Mailänder Gesandtschaft mit auf den Weg gab und in dem sie die Adressatin eindringlich zur Abkehr von weltlichem Streben auffordert (29),[16] hat im Leben der Visconti keine Spur hinterlassen. Wie erklärt es sich aber, dass Bernabò – der so offenkundig nichts anderes als die Mehrung von Macht und Besitz auf Kosten der Nachbarn und zum Schaden der Kirche im Kopf hatte (und dessen ausschweifender Lebenswandel notorisch war) – den Kontakt mit einer Dominikanerin suchte, von der er zweifellos wusste, dass sie weder seine Politik noch sein sonstiges Tun akzeptieren konnte?

Es gibt zwei verschiedene, aber miteinander vereinbare Antworten auf diese Frage. Bernabò konnte voraussetzen, dass Katharina die Missstände im Klerus, die er zum Anlass nahm, die Kirche in seinem Machtbereich zu bedrängen, nur zu gut kannte und mit der ihr eigenen Strenge verur-

[16] Duprè Theseider, Epistolario Nr. XVIII. – Die ehrgeizige Frau, die ihren Vornamen auch als Titel verstand, ist 1384 gestorben. Ihr Name hat sich aber in dem Opernhaus erhalten, das an der Stelle der von ihr gestifteten Kirche S. Maria della Scala erbaut worden ist.

teilte. Ganz kurz nach ihm hat auch der Papst durch einen spanischen Prälaten die Verbindung mit ihr aufgenommen (wovon im nächsten Kapitel die Rede sein wird). Ihre Stimme trug also damals schon weit genug, dass ihr Drängen auf eine Reform in Avignon wie in Mailand gehört wurde. Wir wissen nicht, was ihr Bernabò geschrieben hatte (oder was ihr mündlich von ihm bestellt worden war);[17] gut möglich ist aber, dass er vor ihr das Richteramt legitimieren wollte, das er der Geistlichkeit gegenüber in Anspruch nahm. Hoffte er auf ihr Einverständnis? Rechnete er mit der Möglichkeit, ihre moralische Autorität für seine Politik nutzen zu können? Das ist nicht ausgeschlossen; nur müsste der Vorwurf der Naivität dann wohl eher ihn treffen. – Gleichzeitig können sich die Visconti mit Katharina in Verbindung gesetzt haben, weil sie zwar mit dem Papsttum verfeindet waren und mit dem Klerus auf Kriegsfuss standen, sich aber als Christenmenschen (als was denn sonst) betrachteten, geistlichem Rat durchaus zugänglich waren und seine Berechtigung auch dann anerkannten, wenn ihre Zielsetzungen es ihnen derzeit nicht gestatteten, ihm zu folgen. Nun bedeutet der Respekt vor Grundsätzen, denen man zuwiderhandelt, «realpolitisch» gewiss nicht viel; er macht aber dieses Zuwiderhandeln zu einer Anstrengung, die das Ganze eines politischen Kräftehaushalts nicht unberührt lässt. Als Bernabò im Jahr 1378 mit Urban VI. Frieden schloss und auch die widerstrebenden Florentiner in das Abkommen einbezog, mögen für sein Kalkül die bis dahin noch mehrmals wiederholten Ermahnungen Katharinas eine geringe oder gar keine Rolle gespielt haben; und doch existierten sie, in seinem Bewusstsein so gut wie im Ganzen der Zeitstimmung, die auf das Handeln eines jeden zurückwirkt.

[17] Duprè Theseider, a.a.O., Anm. 33.

Aus Katharinas Brief an Bernabò Visconti können wir nur unsichere Schlüsse auf Erklärungen oder Fragen ziehen, die der Adressat an sie gerichtet haben könnte. Wenn sie mit «E se voi mi diceste: ...» ein Argument aufnimmt, bedeutet das nicht, dass der Partner es tatsächlich vorgebracht hat; sie setzt in dieser Form, oft auch ohne Konjunktiv, einfach voraus, dass er so denkt. In dem Brief, den sie Anfang 1376 dem ihr näher bekannten Niccolò Soderini schreibt – zu dieser Zeit einer der Vorsteher *(priori)* der in Florenz an der Regierung beteiligten Gilden des höheren Handwerks –, zeichnet sich deutlicher ab, was sie von ihm gehört hat. Sie spielt auf ein Psalmwort (126, 1) an: «Wenn der Herr nicht die Stadt behütet, wacht der Hüter umsonst», und nimmt die von ihm abgegebene Versicherung auf, dass er – die Signoria, der er angehört – Gott nicht zuwiderhandle, um ihm dann zu entgegnen: «Du handelst wider ihn, wenn du seinem Stellvertreter zuwiderhandelst» (hier ist mit dem «du» wohl wirklich der Adressat gemeint, den sie auch einmal mit dem Vornamen anredet). Durch Stolz und Hochmut ist in die Pflanze, die uns des Staates Blüte schenkt (*il Fiore* – Fiorenza – «Fiore d'Italia») der Wurm gedrungen, der sie verzehrt, und nur *ein* Heilmittel gibt es, das sie retten kann: «Demütigt euch und gebt Frieden eueren Herzen und Gemütern; denn durch die niedrige Tür können wir nicht mit erhobenem Haupt treten, wir würden es denn zerbrechen. Durch die Tür des gekreuzigten Christus müssen wir gehen, der sich in Demut zu uns törichten, unverständigen Menschen herabgelassen hat. Und wenn ihr euch demütigt, werdet ihr in Frieden und Sanftmut euer Oberhaupt, Christus auf Erden, um Frieden bitten. [...] Denn Gott hat ihm seine Schlüssel zum Himmel in die Hände gegeben, und an diesen Pförtner[18] müssen wir uns wenden.» Er ist es, der die lebenspendenden Sakramente verwaltet, und wer den «dolce Vicario» verachtet, der verschmäht das Blut Jesu Christi.

Im Vergleich mit dem Vorgehen des Visconti gegen die Kirche hatte die Auflehnung der Republik Florenz gegen das avignonesische Papsttum eher defensiven Charakter. – Am 23. August 1367 war Kardinal Egidio Albornoz, der päpstliche Legat, der die Rückkehr der Kurie nach Rom betrieben hatte, bei Viterbo gestorben, nachdem er Urban V. die Schlüssel der von ihm unterworfenen Städte und Burgen Italiens übergeben hatte. Sein mächtigster Gegner war Bernabò gewesen, und als Verbündete hatten sich ihm die mittelitalischen Kleinstaaten angeboten, die von Mailand bedroht wurden. Nach seinem Tod, und da sich der Papst wieder nach Avignon zurückgezogen hatte, nahm die kirchliche Machtpolitik mehr und mehr aggressive Züge an. 1371 wurde Perugia von päpstlichen Truppen erobert. Als vier Jahre später eine Hungersnot ausbrach, verweigerte der päpstliche Legat in Bologna, Guillaume Noëllet, den Florentinern nicht nur zusätzliche, sondern auch die herkömmlichen Getreidelieferungen. Anfang 1375 lehnte die Republik es ab, einem von Gregor XI. inspirierten Bündnis gegen Mailand beizutreten, und ein halbes Jahr später schloss sie ein Abkommen mit Bernabò, das sich zunächst gegen den Söldnerführer Acuto, dann aber auch gegen den Papst richtete; sie berief eine Regierung mit besonderen Vollmachten, die «Otto di guerra e di balìa» (im Volk die «Acht Heiligen» genannt), und ihre Emissäre warben für die «Libertà d'Italia» mit Worten, die beinahe schon «national» anmuten und jedenfalls den Hass auf den französischen Klerus schürten. Coluccio Salutati, damals Se-

[18] Dante, *Purgatorio* 9, 92–127: «... il cortese portinaio [...] trasse due chiavi [...]: ‹da Pier le tegno ...›»

kretär der Republik,[19] hat der Empörung über die kirchliche Fremdherrschaft beredten Ausdruck verliehen.

Als Katharina an Soderini schrieb, stand der Abschluss einer antipäpstlichen Liga zwischen Florenz, Pisa und Lucca bevor.[20] Darauf und wohl auch auf die schon bestehende Verbindung mit Bernabò Visconti bezieht sie sich, wenn sie sagt: «Wohl können wir unsere Bündnisse haben, können mit vielen Städten und Menschen *(città e creature)* verbündet sein; aber ohne den Bund mit Gott, ohne seinen Beistand hilft uns das nichts.» Sich Gott anvertrauen heisst aber: mit «Christus auf Erden» und so erst wirklich mit «allen Geschöpfen» in Frieden leben; «sind wir doch weder Juden noch Sarazenen, sondern Christen» – sollten also nicht in dem Wahn befangen sein, unseren weltlichen Besitzstand um der Macht willen *(per appetito di grandezza)* sichern zu müssen, selbst gegen unser geistliches Oberhaupt; denn nichts anderes als Furcht und Hochmut kann uns zu einem Tun verleiten, das der Auflehnung der gefallenen Engel gleicht.

So scheint Katharina zwischen expansiver und defensiver Politik nicht zu unterscheiden: ob der Visconti die Geistlichkeit für korrupt erklärt, um seine Übergriffe auf kirchliches Eigentum zu rechtfertigen, ob sich Florenz gegen kirchliche Übergriffe zur Wehr setzen muss, immer sind es *amore proprio* und *timore servile,* die «uns» daran hindern, einzig die Ehre Gottes und unser Seelenheil vor Augen zu haben. Dem Papst wird Katharina schon Monate später ins Gewissen reden und die Kleriker – *fiori puzzolenti* im Garten der Kirche – deutlich genug kritisieren.[21] Soderini ermahnt sie hingegen, zwar nicht die Laster zu lieben,

[19] Peter Herde, Politik und Rhetorik in Florenz am Vorabend der Renaissance. Die ideologische Rechtfertigung der Florentiner Aussenpolitik durch Coluccio Salutati. Archiv f. Kulturgesch. 47 (1965) 141–220, bes. 168 f.

[20] Duprè Theseider, Epistolario Nr. LX, Anm. 1.

[21] Vgl. unten S. 124.

die wir an den Geschöpfen bemerken, diese selbst aber zu lieben und zu achten um der Vollmacht willen, die Gott seinen Dienern übertragen hat, und ihre Züchtigung dem Schöpfer zu überlassen, der als höchster Richter einem jeden nach dem Mass seiner Sünden das Urteil sprechen wird. «Euch aber bitte ich, Niccolò, um der unaussprechlichen Liebe willen, mit der Gott Euch geschaffen und losgekauft hat, dass Ihr Euere Macht – zu der Gott Euch in wahrhaft geheimem Ratschluss berufen hat – darauf verwendet, Frieden zu stiften zwischen euch und der heiligen Kirche, damit nicht ihr und mit euch die ganze Toskana zu Schaden kommt.» Die ganze Toskana: nicht die engere, sondern die weitere Heimat Katharinas.

Sie wird die Aussöhnung zwischen Florenz und dem Papst mit noch persönlicherem Anteil als die Überwindung anderer Gegensätze betreiben; und dass in den Konflikt auch Siena und Pisa einbezogen wurden und blieben, hat ihren Eifer vermehrt. Dass es andererseits um die Sache ganz Italiens gehe, das sagt sie nirgends; das konnte allenfalls für den Widerstand gegen das avignonesische Papsttum gelten, wie ihn Florenz propagierte,[22] aber zu Gehorsam war dem Stellvertreter Christi nicht nur ein Land, sondern alle Welt verpflichtet. Der nationale Gedanke war Katharina fremd.

Florenz II: an die Signoria (230)

Am 20. März 1376 erhob sich in Bologna das Volk gegen den päpstlichen Legaten, und von Florenz (von den «Otto della Guerra» mit ihren Sondervollmachten) wurden Truppen zur Unterstützung des Aufstands entsandt. Am

[22] Vgl. Nino Valeri, Le origini dello Stato moderno in Italia, in: Storia d'Italia I, Torino 1965, S. 663 f.

31. März berief Gregor XI. in Avignon einen Gerichtstag ein, um das Urteil zu begründen, das er danach ergehen liess: über Florenz wurde das Interdikt verhängt – was nicht nur bedeutete, dass in der Stadt selbst alle kirchlichen Funktionen eingestellt, sondern dass in der ganzen Christenheit ihre Bürger für rechtlos erklärt wurden. Wahrscheinlich kurz vor dem Osterfest am 13. April fuhr Katharina nach Florenz. Ihre Korrespondenz mit dem Papst hatte schon Anfang des Jahres begonnen, und nach der Revolte von Bologna hatte sie Raimund von Capua einen Brief an ihn mitgegeben (206), in dem sie ihn beschwor, die unbotmässigen Städte durch sein persönliches Erscheinen und die Rückkehr nach Rom zum Gehorsam zurückzuführen. In einem weiteren Brief an Gregor XI. (196) war sie auf den Vergleich mit Pilatus zurückgekommen, den sie diesmal auf die toskanischen Städte anwandte – nicht ohne deren Rebellion mit dem Treiben der «schlechten Hirten und [päpstlichen] Statthalter» zu erklären, «von denen Ihr wisst, dass sie *demoni incarnati* sind ...»[23] Sie flehte den Papst um Vergebung und Versöhnung an, noch ohne zu wissen, dass das Interdikt über Florenz verhängt worden war. Am 18. Juni traf sie in Avignon ein, und auf den Vermittlungsauftrag, den die Regierung der Republik ihr mitgegeben hatte, bezieht sich der Brief an den Magistrat, der ausnahmsweise ein Datum trägt: «Gegeben zu Avignon, den 28. Juni 1376.»[24]

Dreimal warnt sie die «Acht Heiligen» davor, «sich zurückzuwenden *(che voi non voliate mai el capo adietro – non volendo el capo adietro – ché a questo modo vollareste el capo adietro)*»; als «gestorbene Söhne» sollen sie, nach dem Leben

[23] ... während sie Bernabò Visconti geschrieben hat, gegen den Stellvertreter Christi dürfe er *auch dann* nicht das Haupt erheben, «etiandio se fusse dimonio incarnato».

[24] Duprè Theseider, Epistolario Nr. LXXII.

verlangend, in die Arme des Vaters eilen.[25] Doch Katharina beginnt schon zu fürchten, dass die Florentiner es an der jetzt dringend gebotenen Demut fehlen lassen – «wenn das wahr ist, was man hier sagt, dass Ihr den Klerikern die Abgabe auferlegt habt»: *la presta,* eine Kopfsteuer, die damals tatsächlich von den Priestern erhoben wurde. Das wäre, schreibt sie, ein doppeltes Unglück; denn zum einen werde Gott beleidigt und für irdischen Gewinn das Seelenheil aufs Spiel gesetzt, und zum anderen «verderbt Ihr Eueren Frieden, weil der Heilige Vater, wenn er es erführe, Euch noch mehr zürnen würde». Die Kardinäle am päpstlichen Hof, die den Frieden wollen, schliessen aus dieser Massnahme, dass man ihn in Florenz nicht will; sonst würde man sich dort «vor jeder noch so geringfügigen Handlung in Acht nehmen, die gegen den Willen des Heiligen Vaters und gegen die Bräuche der heiligen Kirche verstiesse. Ich glaube, dass auch der Papst *(el dolce Cristo in terra)* so oder ähnlich reden würde, und dazu hätte er Grund und Anlass *(ragione e cagione)*«.

Sie hat nicht nur mit den Kardinälen gesprochen, auf die sie sich beruft,[26] sondern auch mit Papst Gregor XI. Er habe sie gütig angehört, schreibt sie, und starke Neigung zu einem friedlichen Abschluss erkennen lassen. Er wolle nicht auf die ihm angetane Kränkung sehen, sondern Erbarmen bezeigen wie ein guter Vater, wenn der Sohn voller

[25] Luc. 15,32: «Denn dieser dein Bruder war tot und ist lebendig geworden, und verloren, und ist wiedergefunden worden.»

[26] Den Kardinal Iacopo degli Orsini, einen der Protektoren von Siena an der Kurie, hat Katharina wohl gekannt; Ende 1374 bat sie ihn, sich für die Rückkehr des Papstes nach Rom und für den Kreuzzug zu verwenden (101; Duprè Theseider XXIII); auch an den aus Florenz stammenden Kardinal Pietro Corsini schrieb sie, vermutlich im Februar/März 1376, in diesem Sinn (177; Duprè Theseider LXI); und beide waren sie Adressaten des Briefs, der drei Kardinälen den Abfall von Urban VI. vorwarf (unten S. 138–140).

Reue zurückkehrt. Nach längerer Unterredung habe er sich einverstanden erklärt, auf Grund ihrer Erklärungen «Euch als Söhne zu empfangen und nach meinem Gutdünken zu verfahren *(e di farne quello che ne paresse a me)*». Sind aber die Herren jetzt nicht im Begriff, das zu verscherzen, was die Gnade des Heiligen Geistes ihnen zugedacht hat? Und «mir Schande zu machen *(e a me fareste vergogna e vituperio)*; denn nichts anderes als Schande und Verwirrung könnte daraus entstehen, dass ich etwas sage und Ihr etwas anderes tut. Ich bitte Euch, dass es nicht mehr so sei. Sondern bemüht Euch mit Wort und Tat, zu beweisen, dass Ihr den Frieden wollt und nicht Krieg.» Sie sieht ihr Vermittlungswerk scheitern.

Florenz III: An Buonaccorso di Lapo (274)

Anfang September 1376 wendet sich Katharina – noch aus Avignon – mit bitteren Klagen an einen Florentiner Bürger, den sie vermutlich ein Jahr zuvor als Vermittler in einem Streit zwischen der Stadt Siena und der ihr nahestehenden Familie Salimbeni kennengelernt hatte. «Zu Eueren Herren», schreibt sie «habe ich gesagt: ‹Seht, ihr Herren! wenn Ihr gesonnen seid, jegliche Demut in Tat und Wort zu bezeugen, und [wollt, dass] ich Euch als gestorbene Söhne vor Eueren Vater bringe, so will ich mich anstrengen, wenn Ihr das so wollt›; und sie antworteten mir, sie seien einverstanden.» Hätten sich die Gesandten der Republik an dieses Wort gehalten, so würden sie einen ruhmvollen Frieden erlangt haben. Aber in Avignon sind sie nun in ganz anderer Weise aufgetreten, haben sich ihrer Vermittlung nicht anvertraut, und sie hat feststellen müssen, dass man zuvor «mehr aus Furcht und Notwendigkeit als um der Liebe und Tugend willen» so unterwürfig gesprochen hatte. Warum haben die Florentiner sich nicht «in die Hände der wahren

Diener Gottes gegeben»? Durch sie wären ihre Ansprüche und die des Heiligen Vaters aufeinander eingestimmt worden, «und so hättet ihr *buona concordia* schliessen können. Ihr habt es nicht getan, und das erfüllt mich mit grosser Bitterkeit wegen der Kränkung Gottes und wegen des Schadens, den wir selber erleiden.»

Wenn Katharina besonders eindringlich spricht, «richtet» sie, was sie zu sagen hat, gleichsam «aus» – «*da parte di Cristo crocifisso:* sooft ihr von euerem Vater, Christus auf Erden, einen Schimpf erleidet, so oft sollt ihr euch zu ihm flüchten. Überlasst euch ihm, denn er ist im Recht.» Und jetzt werde der Papst nach Rom zurückkehren.[27] «Eilt unverzüglich zu ihm, mit wahrer Herzensdemut und Bussgesinnung, nach dem Vorsatz, von dem ihr ausgingt. Dann werdet ihr geistigen und leiblichen Frieden haben; und unsere Vorfahren, die sich noch anders verhielten, sind nie in solch grosses Unglück geraten wie wir, da wir auf uns Gottes Zorn herabrufen und nicht teilhaben werden am Blut des Lammes.» Sie sagt «wir» – nicht um sich mit dem oder den Adressaten politisch zu solidarisieren, wozu kein Anlass bestand, sondern um den Konflikt auf seinen theologischen (und damit allgemein-menschlichen oder -christlichen) Kern zurückzubeziehen. Denn auch in dieser diplomatischen Krise, die auf ganz weltliche Weise ihre Glaubwürdigkeit in Frage gestellt hat, leitet sie das ihr Aufgetragene von der «höchsten Wahrheit» ab, die aus dem Blut Christi hervorgeht. «... mit dem Wunsch», so hat sie ihre Anfangsformel fortgesetzt, «dass Ihr und die anderen [regierenden] Herren euer Herz und euere Seele befriedet in seinem Blut, das allen Hass und Krieg auslöscht und allen

[27] Gregor XI. wird am 13. September von Avignon aufbrechen; die Florentiner Gesandten reisen schon vorher ab, und vielleicht gibt ihnen Katharina den Brief mit auf den Weg (Duprè Theseider, Anm. 7). Sie selbst wird Avignon kurz vor dem Papst verlassen.

menschlichen Hochmut überwindet. Denn in dem Blut sehen wir Gott zu uns erniedrigt, da er unsere Menschlichkeit annimmt. [...] Ich bitte Euch um der Liebe des Gekreuzigten willen, den Schatz seines Bluts zu empfangen, der uns von der Braut Christi [der Kirche] gespendet wird. Versöhnt euch, versöhnt euch mit ihr in seinem Blut; erkennt eure Schuld und das Unrecht, das ihr an ihr verübt habt. Denn wer seine Schuld erkennt und auch durch sein Tun beweist, dass er sie erkennt und sich demütigt, findet stets Barmherzigkeit.» Die Schwäche dieser politischen Lehre liegt darin, dass ihre Grundsätzlichkeit unter den jeweiligen Umständen anscheinend nicht «greift». Ihre Stärke besteht aber darin, dass immer alle Beteiligten – unfreiwillig übereinstimmend – ihre Berechtigung anerkennen und ihrem stillen Wirken gemeinsam ausgesetzt bleiben.

Bologna: An die Regierung der Zwölf (268)

Im Frühjahr 1376 war in Bologna, wie schon erwähnt, ein Aufstand gegen den päpstlichen Legaten ausgebrochen. Die nach Rom wichtigste Stadt des Kirchenstaats hatte sich einem republikanischen Regime unterstellt, das sie «Stato della Libertà» nannte, und hatte sich so einer doppelten, weltlichen wie geistlichen Herrschaft (die ein Landfremder repräsentierte) entzogen. Noch bevor dann der Friede zwischen Florenz und dem Papst zustande kam, am 4. Juli 1377, waren die Gesandten Bolognas in Anagni erschienen, um die Verzeihung Gregors XI. zu erlangen, sich aber auch die Selbstverwaltung unter päpstlicher Oberhoheit bestätigen zu lassen. Offenbar nach diesem Datum – und zweifellos vor einem neuen Konflikt, der zwei Jahre später zum Ausbruch kam – haben die zwölf regierenden «Ältesten, Konsuln und Bannerherren» an Katharina geschrieben. Aus ihrer Antwort geht hervor, worum man sie gebeten hat: «Mir scheint, geliebte Brüder, dass es Euch danach verlangt, den Wohlstand Euerer Stadt zu mehren und zu bewahren; und dieses Verlangen hat Euch bewogen, an mich elende und fehlbare Unwürdige zu schreiben. Diesen Brief habe ich voller Liebe aufgenommen, und um Eueren Wünschen genugzutun, will ich trachten, nach der Gnade, die Gott mir geben wird, Euch und Euere Stadt in beständigem Gebet vor den Herrn zu bringen.»

Die Autorität der Dominikanerin wird so, diesseits aller legendenhaften Verklärung, glaubwürdig bezeugt. Nach der Versöhnung mit dem Papst besiegelt für die Stadtoberen von Bologna die Fürbitte Katharinas die Wiederherstellung des Friedens. Doch bevor ihnen dieser geistliche Beistand zugesagt wird, müssen sie vernehmen, was alle hören müssen, weil es alle betrifft: dass eine gerechte Regierung nur durch den Verzicht auf den «proprio amore sensitivo» ermöglicht wird. «Wohin wir uns auch wenden, fehlt es den vernunftbegabten Geschöpfen aller Art an jeglicher Tugend», weil sie diesen Verzicht – wir würden sagen: auf den Egoismus – nicht leisten. «Die Prälaten achten so sehr auf das Ihre und auf ihr Wohlleben, dass es sie nicht zu kümmern scheint, ob ihre Untertanen [Katharina denkt offenbar an kirchenstaatliche Verhältnisse] in den Händen der Dämonen sind. Und ebenso kümmern sich die Untertanen weder um das weltliche noch um das göttliche Gesetz, noch denken sie daran, einander zu dienen, wenn es nicht ihnen selber nützt.»

Das ist der Hintergrund, von dem der Mensch sich lösen muss: der Zustand des «uomo vecchio», des der Sünde verfallenen Adam, den einzig die Liebe des «uomo nuovo», des gekreuzigten Christus, zu überwinden vermag. Auf diese Liebe zu antworten, darauf allein kommt es an, und die wahrhaft gerechte Obrigkeit wird die Antwort durch ihr Verhalten geben – «wenn Ihr gerechte Männer seid und Euer Regiment [...] weder durch Leidenschaft noch durch

Selbstsucht und besonderen Vorteil bestimmt wird, sondern zum allgemeinen Wohl auf den lebendigen Stein,[28] Jesus Christus, gegründet ist; und wenn Ihr alle Euere Geschäfte in Gottesfurcht ausführt; und wenn Ihr durch das Mittel der Gebete den Staat, den Frieden und die Einheit Euerer Stadt bewahrt. Darum bitte ich Euch um der Liebe des gekreuzigten Christus willen [...]: da Ihr auf die Hilfe des Gebets der Diener Gottes zählen könnt, lasst es von Euerer Seite nicht am Notwendigen fehlen. Denn liesset Ihr es daran fehlen, so würde Euch durch die Gebete wohl ein wenig geholfen, aber nicht sehr, und sie würden bald weniger werden; daher müsst Ihr auch Euererseits diese Last tragen helfen.» So muss der Staat für die Kirche aufkommen; für die Vermittlung des Heils wird auch ein irdischer Preis gezahlt.

Florenz IV: An den Magistrat (337)

Am 27. März 1378 unterbrach der Tod des erst 47jährigen Gregor XI. die Friedensverhandlungen, die Florenz – von Bernabò Visconti gedrängt – mit dem Papst geführt hatte. Die Signoria schloss dann am 28. Juli mit Urban VI., dem ersten Italiener nach sieben französischen Päpsten, ein Abkommen, das Florenz von den Kirchenstrafen befreite und zur Rückgabe der beschlagnahmten kirchlichen Güter verpflichtete. Im August kehrte Katharina, die sich seit dem Frühjahr 1377 wohl ununterbrochen in Florenz aufgehalten hatte,[29] nach Siena zurück; zu dem Zeitpunkt, da sich die Gefahr eines Schismas schon abzeichnete, das sie vorausgeahnt haben soll.[30] Und an den Magistrat, der nach

[28] Vgl. 1. Petr. 2, 5.
[29] Vgl. oben S. 81–83.
[30] Legenda minor, zit. II, 120: «... in Ecclesia scisma vidit inchoari ...»

dem Aufstand der Ciompi eine Zeitlang auf breiterer Basis als bisher den Stadtstaat regierte, könnte sie wenig später geschrieben haben; denn die Wahl eines Gegenpapstes – Clemens' VII., am 20. September – erwähnt sie noch nicht.

Sie ermahnt die Florentiner zur Dankbarkeit für die Gnaden, die sie von ihrem Schöpfer empfangen; womit sie zweifellos von Anfang an die Versöhnung mit «dem wahren höchsten Pontifex und Vikar Christi auf Erden» meint. Doch sie bezieht sich auch hier zunächst auf den Ursprung des göttlichen Heilsplans: die Undankbarkeit und die Auflehnung Adams, Ausgeburten des *amore proprio* und der Blindheit dessen, der nicht sieht, dass er nicht ist. «Denn sähe er es, so würde er erkennen, dass er das Sein und jegliche Gnade, die dem Sein zufällt, ob geistlich, ob zeitlich, von Gott hat, weil allein Gott der ist, der ist.» Der Undankbare hofft vergeblich, weil er sich auf sich selber verlässt; er hofft auf menschlichen, nicht auf göttlichen Beistand. «Sein Glaube ist tot» – da nimmt der Gedankengang eine etwas plötzliche Wendung –, «weil die guten Werke ihm fehlen.»[31] «Ist er ein Untertan, so ist er ungehorsam; ist er aber Herr und hat er die Herrschaft inne, so begeht er Ungerechtigkeit, und er übt Gerechtigkeit nur dem Gefühl nach *(ad animo)*; denn entweder spricht er Recht aus Hass oder Abneigung gegen den Betroffenen, oder um den Menschen zu gefallen und keinen Anstoss zu erregen, oder um seinen eigenen Nutzen daraus zu ziehen. So sehen wir denn, dass die heilige Gerechtigkeit allenthalben fehlt. Die Herren sind zu Tyrannen geworden.» Und der wäre ein Tor, «der da meinte, in solch blinder Unwissenheit und Undankbarkeit könne er die Gnade erlangen oder bewahren, oder er könne die Herrschaft über sich selbst innehaben» – die Herrschaft über sich selbst, ohne die er nicht Herr über andere sein kann. Die «guten Werke» geben dann

[31] Iac. 2, 17.

Zeugnis von der erlangten Gnade, die sie erst ermöglicht. – So wird uns der Weg von Adam, dem alten Menschen, zu Christus gewiesen, vom eigensüchtigen Ungehorsam zum liebenden Gehorsam bis in den Tod am Kreuz.

Die Dankbarkeit und die Liebe, die wir Gott schulden, können und müssen wir dem Nächsten zuwenden, «indem wir ihm zur Seite stehen und ihm helfen *(sovvenendolo, aiutandolo)* und ihm raten, so wie jeder es kann gemäss seinem Stand. Dies ist eine Schuld, die ein jeder bezahlen muss; so wie es geboten ist, der heiligen Kirche untertan und gehorsam zu sein und sie nach Kräften zu unterstützen. Denn müssen wir unseren Bruder nach seinem Bedarf unterstützen, dann noch viel mehr die heilige Kirche und unseren Vater, Christus auf Erden.» Ihm vor allem muss die Republik dankbar sein – das ist nun die Botschaft, die Katharina «auszurichten» hat. «Täuschen wir uns nicht, geliebte Brüder. Viele Kränkungen und Ungerechtigkeiten haben wir [ihre Art zu sagen: ‹habt ihr›] an Gott, an den Nächsten, am Stellvertreter Christi und an der heiligen Kirche verübt; und solche Ungerechtigkeit könnt ihr nicht mit den Verfehlungen der Hirten und Diener der heiligen Kirche bemänteln; denn sie zu bestrafen steht nicht euch zu, sondern dem höchsten Richter und seinem Stellvertreter.» Diese Zurechtweisung stammt noch aus der Kampfzeit; sie könnte jetzt in der Vergangenheitsform stehen; gemeint ist aber, dass ein fortdauerndes Schuldbewusstsein auch die Dankbarkeit – für die Vergebung, die Wiederaufnahme in die Kirche – soll fortdauern lassen: «Trotz eueren Verfehlungen, die schwere Ahndung verdienten, habt ihr solch grosse Barmherzigkeit empfangen»: die Sakramente werden aufs neue gespendet, dank Urban VI., dem wahren Papst, «der euch so liebevoll verziehen und euch losgesprochen hat, nicht wie Söhne, die sich an ihrem Vater vergangen, sich wider ihn aufgelehnt haben, sondern als hättet ihr ihn niemals gekränkt».

Man könnte auch hier urteilen, dass Katharina von ihren rein geistlichen Kategorien her den politischen Kompromiss, den der Papst mit Florenz geschlossen hatte, nicht als solchen erkenne. Ihr Brief mündet aber in eine Aufforderung, deren zwar geistliche Sprache ihren politischen Sinn kaum verhüllt: «Und so bitte ich Euch um der Liebe des Gekreuzigten willen *und zu euerem Nutzen,* dass Euer Herz fest bleibe und nicht wieder schwanke, sondern an der sicheren Wahrheit festhalte, dass Papst Urban VI. der wahre höchste Pontifex ist. Zeigt, dass ihr dankbar und wahrhaftig seid, und seid es auch, und haltet, was ihr versprochen habt: der heiligen Kirche und euerem Vater zu helfen. Ihr seht wohl, ob euch das frommt oder nicht; wart ihr doch schwach durch Entzweiung; und die Bedrängnis in dieser Welt ist gross. So werdet ihr euch erhalten, und nicht durch Undankbarkeit. [...] Liebet, liebet einander [1. Petr. 1, 22]; denn tut ihr euch Böses an, wird niemand euch Gutes tun.»

Kreuzzug I: An Tommaso d'Alviano (191)

Ihren Wunsch, dass die Christen untereinander Frieden halten und miteinander den Krieg – den sie trotz seinen Schrecken als eine zum irdischen Leben gehörige Erscheinung betrachtet – in das Heilige Land tragen möchten, um Jerusalem zu erobern und die Ungläubigen von der Heilsnotwendigkeit des Kreuzes gewaltsam zu überzeugen, hat Katharina auch an berufsmässige Haudegen gerichtet: an John Hawkwood (Giovanni Acuto), als er im Sommer 1375 mit seinen plündernden Söldnern die von Hungersnot bedrohte Toskana heimsuchte,[32] und zwei oder drei Jahre später an Tommaso d'Alviano. Anders als Hawkwood stammte Alviano aus einer alteingesessenen umbrischen

[32] Nr. 140; Duprè Theseider XXX.

Adelsfamilie, und eine gewisse Kontinuität seiner Unternehmungen lässt sich darin erkennen, dass er in Streitfällen für die Sache der Kirche eintrat. Zwischen 1374 und 1376 hatte er zwei Mitglieder seiner Familie, die sich gegen das päpstliche Regiment aufgelehnt hatten, erfolg- und ertragreich bekämpft: ihre konfiszierten Güter fielen ihm zu; 1379 besiegte er bei Marino die Truppen des Gegenpapstes Clemens VII., und 1389 wurde er von Bonifaz IX. zum Lohn für treue Dienste mit zwei Burgen in der Nachbarschaft von Alviano belehnt.[33] Während ihre kurze tadelnde Botschaft an den fremden Abenteurer erkennen lässt, dass sie sich wenig von ihr verspricht, sieht Katharina in dem hochgeborenen Kriegsmann wohl einen Partner, der ihren Ermahnungen zugänglich sein müsste. Sie wird ihm in einem späteren Brief (259) einen eigentlichen christlichen «Soldatenspiegel» vorhalten.

Es gebe drei Arten, schreibt sie, im Garten der heiligen Kirche zu arbeiten. Die erste steht allen gläubigen Christen zu: das unablässige, demütige, heilige Gebet. Die zweite obliegt im besondern den Dienern Gottes, welche die heiligen Sakramente verwalten und uns durch Lehre und Beispiel erbauen; diese Hirten dürfen wir nicht ihrer Fehler wegen geringer achten: auch aus unwürdiger Hand müssen wir die Sakramente würdig empfangen; sie sind Gesalbte des Herrn,[34] keine weltliche Macht darf sie zur Rechenschaft ziehen; denn das hiesse die heilige Kirche verfolgen. Um aber solcher Verfolgung zu wehren, hat Gott als dritte diejenigen eingesetzt, die nach ihrem besten Vermögen der Kirche in weltlicher Weise beistehen: nicht zum Vergnügen (*per diletto:* ein Motiv, wie Katharina wohl weiss, des Kriegshandwerks) oder zum eigenen Nutzen, sondern um des Gedeihens und der Ehre der Kirche willen. Und dieses Bemühen «ist Gott so

33 Vgl. Dizionario biografico degli Italiani 2 (1960) 591 f.

34 Vgl. Ps. 19, 7.

wohlgefällig, dass auch die vielen, die nicht solch reine und heilige Absicht haben, dennoch ihren Lohn für jeden Dienst an dieser süssen Braut [an der Kirche] empfangen werden. Und Gott wird für die sein, die für sie arbeiten: und wenn Gott für sie ist, wird niemand gegen sie sein.»[35]

So wie Person und Amt im geistlichen Bereich unterscheidet Katharina in weltlichen Dingen subjektiven Antrieb und objektives Verdienst; sie rechnet damit, dass die «reine und heilige Absicht» ihres Adressaten einer strengen Prüfung nicht standhalten könnte; doch «das Blut, das für die heilige Kirche vergossen wird, wäscht alle Mängel und die Unbilligkeiten ab, die begangen worden sind». Dann aber ermahnt sie Alviano doch, «mit heiligem und gutem Vorsatz» zu handeln; und nur wenn er sein Gewissen in der heiligen Beichte gereinigt habe, werde er ein treuer Diener Gottes und der Kirche sein «und ein guter Arbeiter in diesem heiligen Garten». Sie selbst bete ohne Unterlass «für Euch und die andern, dass Er euch bewahre vor allem Unheil und euch Gnade verleihe und dass ein guter Friede geschlossen werde; und nach dem Friedensschluss ziehen wir frohgemut alle *(di bella brigata)* gegen die Ungläubigen» – statt dass «ein Christ den andern bekämpft und die Söhne sich gegen den Vater empören». Das ist der Schluss und gewiss auch der Zielpunkt des Briefs; mit dem «wir alle» ist angedeutet, dass Katharina am Kreuzzug teilnehmen will, als Pilgerin und, wie sie wohl hofft, als Märtyrerin.

Kreuzzug II: an die Königinmutter von Ungarn (145)

An der langen Regierung Ludwigs I. von Ungarn, der 1343 als Sechzehnjähriger auf den Thron gekommen war, hatten seine Mutter und seine Gemahlin – beide hiessen Elisabeth

[35] Vgl. Rom. 8, 31.

– bestimmenden Anteil. Der Älteren schreibt Katharina im Juli oder im August 1375 einen Brief, der sich nur ganz unausdrücklich auf eine Spannung zwischen Gregor XI. und Ludwig bezieht: der König hatte einen Zehnten, der im Namen der Kirche für die Rüstung zum Kreuzzug erhoben worden war, anderweitig verwendet. Ihm stellte die Lage sich anders dar, als sie in Avignon und auch in Italien aussah: die Türkengefahr, welcher der Papst wohl ohne volle Überzeugung durch den «santo passaggio» ins Heilige Land zu begegnen plante, war für Ungarn eine unmittelbare Bedrohung.

Der Ausgangspunkt ist theologisch-augustinisch: Katharina wünscht sich die «dilettissima e reverenda madre in Cristo Gesù» erfüllt vom Feuer des heiligen Geistes, das uns erkennen lässt, dass wir nicht sind – wir erkennen in uns dasjenige, welches nicht ist, nämlich die Sünde;[36] und indem wir uns diese Erkenntnis zu eigen machen, machen wir uns bereit, die Güte Gottes in uns zu erkennen. Wer nun, wie die Königin, über sich selbst und über sein Volk herrschen soll, bedarf jenes Feuers, um grosse und heisse Liebe zur Ehre des Schöpfers und zum Heil der Geschöpfe zu fühlen, befreit von Eigenliebe und knechtischer Furcht. Doch diese Liebe können wir nur durch die Sorge um unseren Nächsten zum Ausdruck bringen; in ihm lieben wir Gott, und so nur erweisen wir uns dankbar für die Liebe Gottes. Der Ort aber, an dem wir dies tun können, ist der Garten der heiligen Kirche. Und nun sehr direkt: «*La Chiesa à bisogno, e voi avete bisogno,*[37] sie braucht Euere menschliche Hilfe, Euch tut ihre göttliche Hilfe not. Und je mehr Ihr von

[36] Augustinus, Soliloquia V: «Cum igitur omnia per verbum facta sunt, mala per ipsum non sunt: restat igitur quod omnia quaecumque facta non sunt, bona non sunt [...] et ideo mala non sunt, quia facta non sunt, et ideo nihil sunt, quia sine verbo factum est nihil» (Duprè Theseider, S. 5, Anm. 11).

[37] Zitiert nach Duprè Theseider, Epistolario Nr. XL.

Euerer Hilfe ihr zuwendet, um so mehr habt Ihr teil an der göttlichen Gnade, an dem Feuer des heiligen Geistes, das in dieser Braut [Christi] beschlossen ist. [...] Euch und mir und jeglicher Kreatur tut es not, sie zu lieben und ihr zu dienen zu jeder Zeit, besonders aber in der Zeit, da sie [unser] bedarf. Ich nichtswürdige Elende habe nichts, was ihr hülfe; doch wenn ihr mein Blut helfen könnte, würde ich gern meinen Leib dahingeben.» Sonst könne sie nur das wenige tun, was Gott sie tun lasse: unter Tränen und Seufzern beständig beten. «Ihr aber, die Mutter, und Euer Sohn, der Herr König [*signore missere lo re vostro figliuolo,* sie nimmt es mit der Titulatur nie genau], könnt ihr im Gebet durch heiliges Verlangen und erst noch aus Liebe und freiem Willen mit menschlicher Hilfe beistehen.» Die Königin soll also ihren Sohn dringend ersuchen, der heiligen Kirche zu dienen und den Papst – Christus auf Erden – zu unterstützen; und sie soll in ihm «den heiligen Vorsatz stärken, den guten und heiligen Zug gegen die wilden Hunde, die Ungläubigen zu unternehmen, die das Unsere und noch mehr besitzen, [...] um des Heils ihrer Seelen und des Ruhms der Kirche willen». Sie habe der Königin von Neapel «und vielen anderen Herren» das gleiche geschrieben, und sie hätten ihr «bene e graziosamente» geantwortet.[38]

Kreuzzug III: An den König von Frankreich (235)

Als sich Katharina im Spätsommer 1376 am Hof Gregors XI. in Avignon aufhielt, schien unter den «vielen Herren», die sie zur Teilnahme am Kreuzzug aufgefordert hatte, eine

[38] Auf die Zustimmung der Königin Johanna von Neapel, die im Namen der Anjou auf die Krone von Jerusalem Anspruch erhob, nimmt Katharina in ihrem Brief vom 4. August 1375 Bezug (143, Duprè Theseider XXXIX).

Führerpersönlichkeit hervorzutreten: Ludwig von Anjou, der Bruder König Karls V. von Frankreich. «Ecco el capo, padre santo», schreibt sie dem Papst, der sich anschickt, nach Rom zurückzukehren: der Herzog wolle die Mühsal des «santo passaggio» auf sich nehmen, die seine Liebe zu Christus und seine Ehrfurcht vor dem Kreuz ihm leichtmachen werde.[39] Und an Ludwig selbst: er solle den Heiligen Vater ohne weiteren Aufschub bitten, ihm die Leitung des Unternehmens anzuvertrauen, und solle den weltlichen Genüssen entsagen; er war gewarnt: nach einem Bankett, das er am Vortag veranstaltet hatte («uno mangiare molto sumptuoso»), war eine Mauer eingestürzt und hatte mehrere Menschen erschlagen.[40]

In derselben Zeit wendet sie sich auch an den König, um ihm seinen Bruder – anscheinend auf dessen Wunsch – als Heerführer zu empfehlen. Wieder sind es die letzten Sätze, in denen dieser «eigentliche» Zweck, wie wir sagen würden, ersichtlich wird; der Brief läuft auf ihn zu. Aber nach Katharinas Vorstellung kann der Zweck sich erst aus dem Eigentlichen ergeben: was notwendig sein soll, muss es von der «ersten Wahrheit» her sein. Darum entwickelt sie – auch hier in Anlehnung an augustinische Rede[41] – über drei Stufen die Pflichtenlehre, an die der König sich halten soll. Sein Reich gehört ihm nicht, es ist ihm nur geliehen; so wie der Gesunde erkranken, der Lebende sterben, der Reiche verarmen, der Herr zum Knecht werden kann, so ist auch die Macht des Herrschers kein fester Besitz, er hat sie nur zu verwalten, und was ihm so zur Verfügung steht, soll er austeilen; «facciate come buono dispensatore» – da er sich doch «der Weise» nennen lässt. Das ist das erste. Zum

39 Nr. 238, Duprè Theseider LXXX.

40 Nr. 237, Duprè Theseider LXXIX.

41 Nachweise bei Duprè Theseider, Epistolario, S. 204, Anm. 13, und S. 317, Anm. 4. Der Brief selbst dort als Nr. LXXVIII.

anderen soll er auch «distributore» sein, soll Strafe und Lohn nach der Gerechtigkeit zuteilen und nicht nach Willkür oder nach Rücksicht; und der göttlichen Gerechtigkeit dient er als Vater der Armen. Zum dritten aber muss er der Lehre Christi folgen und seinen Nächsten lieben. Den besonderen *prossimo*, den Katharina meint, nennt sie noch nicht. Die Nächstenliebe ist stets die Wurzel, ohne die der Baum der Seele keine Frucht tragen könnte, vielmehr verdorren müsste, da er des Hasses wegen nicht von der Gnade getränkt würde. Welche Schmach, wenn der Mensch die Reichtümer der Welt an sich nehmen und sie bewahren will, statt an die eigene Seele und die seines Nächsten zu denken: «der ist wahrhaftig ein blinder Tor, der nicht sieht, dass er mit dem Dolch des Hasses auf seinen Nächsten sich selber tötet.» Weltliches Gut zu verlieren wird zum Gewinn für den König, «wenn ihr dafür Eurer Seele und der Seele Eueres Bruders den Frieden bringt». Der «Bruder» ist der mit Karl zwar nur weitläufig verwandte König Eduard III. von England, dessen Ansprüche auf den französischen Thron zum Hundertjährigen Krieg zwischen den beiden Monarchien geführt hatten. «Welche Zerstörung der Seelen und der Körper»; wie viele Opfer, «Ordensleute, Frauen, Mädchen. Nicht weiter so!» ruft sie aus. «Non più, per l'amore di Cristo crocifisso!» Und nun: «Bedenkt Ihr nicht, zu wieviel Unglück Ihr der Grund seid, wenn Ihr nicht tut, was Ihr tun könnt? Unglück unter den Christen und Unglück für die Ungläubigen. Denn Euer Streit hat das Mysterium der heiligen Fahrt aufgehalten und hält es noch immer auf. [...] Ich bitte Euch, seid nicht länger Verursacher so vieles Bösen und Verhinderer solches Guten, wie es die Wiedergewinnung des Heiligen Lands und jener elenden Seelen ist, die nicht am Blut des Gottessohns teilhaben. Dessen müsstet Ihr Euch schämen, Ihr und die anderen christlichen Herren; denn grosse Verwirrung ist es vor den Menschen, und abscheulich ist es vor Gott, gegen den Bruder zu kämpfen und den Feind gewähren zu lassen, dem andern das Seine zu nehmen und das Eigene nicht wiederzunehmen. Nicht länger solche Torheit und Blindheit! Ich sage Euch im Namen Christi des Gekreuzigten *(da parte di Cristo crocifisso)*, dass Ihr den Friedensschluss nicht mehr hinausschieben sollt: *fate, fate, fate pace,* und allen Krieg lasst über die Ungläubigen kommen. Helft das Zeichen des heiligsten Kreuzes aufrichten, das Gott von Euch fordern wird, von Euch und den anderen in der Stunde des Todes, für solch grosse Nachlässigkeit und Unwissenheit, die verschuldet wurde und täglich verschuldet wird. Schlaft nicht länger, um der Liebe Christi des Gekreuzigten willen und zu Euerem Nutzen, in der wenigen Zeit, die Euch geblieben ist; denn die Zeit ist kurz, und Ihr müsst sterben und wisst nicht wann.»

Mit der Härte der Heiligen spricht Katharina zu dem König, den der höchste Richter einst fragen wird, was er mit dem Kreuz, das ihm anvertraut war, getan habe – um ihm dann vor Augen zu führen, wie er Gottes Gebot erfüllen kann, indem er sich mit dem Nächsten versöhnt und den «santo e dolce passaggio» ins Heilige Land unter der Führung seines Bruders, des leiblichen jetzt, ins Werk setzt. – Auch diesen Brief kann man nicht nach dem Mass einer erfolgreichen Diplomatie beurteilen. Karl V. hat die Sache des Kreuzzugs nicht zu der seinen gemacht; dass aber ein christliches, durch die Lehre der Kirche geschärftes Gewissen die politischen Entscheidungen mittragen muss, hat ihm die drohende Mahnung Katharinas ins Bewusstsein gerufen.

SALUS ECCLESIAE

An Gregor XI.

Reform des Klerus (des *corpus mysticum*) – Rückkehr des Papstes nach Rom – Frieden unter den Christen und Krieg gegen die Ungläubigen: die drei Themen erscheinen schon in dem für uns frühesten, mit einiger Sicherheit auf den Januar 1376 zu datierenden Brief Katharinas an Gregor XI.[1] – Pierre Roger de Beaufort, Neffe Clemens' VI., war 1348 – im Alter von 19 Jahren – Kardinal geworden und hatte während dreier Pontifikate dem Heiligen Kollegium angehört, ehe er Ende 1370 zum Papst gewählt wurde. Er war dabeigewesen, als sein Vorgänger Urban V. von Rom, wohin er im Sommer 1367 die Kurie zurückgeführt hatte, drei Jahre später wieder nach Norden zog und in Montefiascone die drohende Prophezeiung Birgittas von Schweden empfing: er werde binnen kurzem sterben und sich vor Gott für Getanes und Unterlassenes verantworten müssen, wenn er an den Ort seiner Wahl – nach Avignon – zurückkehre. Dass dieser Papst wenige Monate später tatsächlich in Avignon starb, kann seinen Nachfolger neben manch anderem in dem offenbar früh gefassten Entschluss bestärkt haben, seine Residenz wieder nach Rom zu verlegen. Er hat die Verbindung zu Birgitta aufrechterhalten und sich durch ihre Visionen zu dem Schritt drängen lassen, den er aus spirituellen wie aus politischen Gründen für notwendig hielt, der ihm aber auch schwerfiel. Er war von dem weit überwiegend französischen Kar-

[1] Duprè Theseider, Epistolario Nr. LIV.

dinalskollegium einstimmig gewählt worden, und zwar gerade als «Limousin», den es nicht nach Italien ziehen werde; und in den verhassten «Limmogini», der in Avignon dominierenden Landsmannschaft, stellte sich während seines Pontifikats die kirchliche Fremdherrschaft in Italien dar.

Der Vorwurf, er lasse sich durch familiäre und sonstige weltliche Bindungen in Frankreich festhalten, traf Gregor XI. weniger als einige seiner Vorgänger (vielmehr sollen ihm die Protektionsansprüche seiner Verwandten den Aufenthalt in Avignon vergällt haben); und für die Aufschübe, die das Unternehmen erfuhr, gab es jedesmal ernstzunehmende Gründe. Dass aber der Papst einen grossen inneren Widerstand gegen eine so weittragende Entscheidung – und gegen Entscheidungen überhaupt – überwinden musste, ist klar genug; dass ihn Birgitta und später Katharina von Siena dazu anhielten, trug zur Verwirklichung seines Vorhabens bei.[2]

Gregor selbst scheint in Katharina die Nachfolgerin der am 25. Juli 1373 verstorbenen Birgitta gesehen zu haben. Im März des folgenden Jahres berichtet sie zwei Ordensbrüdern in Pisa, «der Beichtvater jener schwedischen Gräfin» sei im Auftrag des Papstes nach Siena gekommen und habe sie um ihr «besonderes Gebet für ihn und für die heilige Kirche ersucht [...] Freuet euch und frohlocket [Luc. 6, 23], da der Heilige Vater begonnen hat, auf die Ehre Gottes und der heiligen Kirche zu schauen» – was er demnach in den drei Jahren seit seiner Wahl unterlassen hätte.[3] Die Prüfung, der die Rechtgläubigkeit Katharinas bald danach

[2] Duprè Theseider, I Papi d'Avignone, zit. S. 190–210.

[3] Duprè Theseider Nr. XX (Tommaseo 127). Vgl. auch Arnold Esch, Tre sante ed il loro ambiente sociale a Roma: S. Francesca Romana, S. Brigida di Svezia e S. Caterina da Siena. Atti del simposio internazionale Cateriniano-Bernardiniano, Siena 1982.

in Florenz unterworfen wurde,[4] kann mit dem Besuch jenes Spirituals, des spanischen Augustiners und früheren Bischofs von Jaen, Alfonso Pecha oder de Valdaterra, im Zusammenhang stehen; sei es, dass der Abgesandte des Papstes diese Untersuchung geradezu veranlasst hat, sei es, dass sein Erscheinen in Siena die Aufmerksamkeit auf die Dominikanerin lenkte, deren ungewöhnliche Ausstrahlung ohnehin da und dort Anstoss erregte. Gregor XI. hat dann ihren Einfluss in Italien zu nutzen gesucht und sich selber ihm nicht entzogen; seine Bereitschaft, sich von ihr leiten zu lassen, war aber Schwankungen unterworfen.

Wir wissen nicht, ob Katharina im Frühjahr 1374 ihre Freude darüber, dass der Papst jetzt die Ehre Gottes und der Kirche vor Augen habe, auch ihm gegenüber zum Ausdruck gebracht hat. Jenen beiden Dominikanern teilt sie jedenfalls mit, sie habe dem Heiligen Vater einen Brief geschrieben und ihn für sich und die Ihren um die Erlaubnis gebeten, «unsere Leiber jeglicher Marter zu überliefern» – nämlich als christliche Zeugen unter den Ungläubigen im Heiligen Land. Wenn man annimmt, das sei ihr erster Brief an Gregor XI. und gleichsam die Antwort auf die Mission Alfonsos gewesen, dann ergibt sich, dass der Papst auf Grund einer schon verbreiteten *fama sanctitatis* an sie gelangt war; ob aber – wie sie mitteilt – um ihre Fürbitte zu gewinnen, oder um ihren Rat einzuholen, oder schon mit bestimmten politischen Absichten, das bleibt offen.

In dem schon zitierten Brief (185) vom Januar 1376 berichtet sie dem Papst, sie habe in Pisa und Lucca darauf hingewirkt, dass sich diese Städte der Abfallbewegung nicht anschlössen, die in ganz Mittelitalien die weltliche Herrschaft der Kirche in Frage stellte. Ob sie in seinem Auftrag oder nach Absprache mit ihm oder ganz von sich aus vorgegangen war, ist dem Wortlaut nicht zu entnehmen. Dass sie ihn

[4] Vgl. oben S. 64.

auffordert, nun auch selbst «a missere Piero» (Gambacorta, den Machthaber in Pisa) zu schreiben, mag immerhin darauf hindeuten, dass zu dieser Zeit eine gewisse Koordination schon bestand oder zu entstehen begann. Katharina gibt aber nur nebenbei noch Rechenschaft über ihr diplomatisches Wirken. Wie immer ist es der Adressat, um den sie sich sorgt, und wie immer hat ihre Sorge geistliche Gründe. Die «wahre Selbsterkenntnis», die Erkenntnis des eigenen Nichtseins (denn nur Er ist der, der ist) muss auch den Papst leiten. Liebt er sich selbst und fürchtet er für sich, so wird er tun, als sähe er die Mängel und die Verfehlungen seiner Untergebenen nicht, und wird nichts oder nichts Gründliches gegen sie tun; er schneidet sie nicht weg und brennt sie nicht aus, sondern streicht Salbe darüber. So muss der Papst die Eigenliebe überwinden und sich ein Beispiel an Gregor, seinem grossen Vorgänger, nehmen. Vor den Rebellen in Italien soll er sich nicht fürchten, dafür aber sich um die geistlichen Dinge kümmern und seinen Städten gute Hirten und Statthalter geben; «denn wegen der schlechten Hirten und Statthalter ist Euch der Aufruhr entstanden.» So bald wie möglich muss er jetzt nach Italien kommen, Frieden stiften im christlichen Volk und den «santo e dolce passaggio» unternehmen, den Kreuzzug. Sein Zögern habe schon grossen Schaden gestiftet.

Und schliesslich: sie habe gehört, dass er Kardinäle ernannt habe; da wäre es freilich gut, wenn er stets tüchtige Männer wählte – was sie in diesem Fall deutlich bezweifelt, vielleicht schon deshalb, weil es sich bei den neuen Mitgliedern des Heiligen Kollegiums um sieben Franzosen und nur einen Italiener und einen Spanier handelte. Wer aber den Dominikanerorden nach Abgang des Generalmagisters für den Rest der Amtsdauer leiten sollte, darüber «werdet Ihr mit Nicola da Osimo [seinem Sekretär] und mit dem Erzbischof von Otranto [Iacopo da Itri] beraten können, und ich werde ihnen deswegen schreiben.» Das tut sie auch, und in diesen zwei Briefen empfiehlt sie den früheren Prokurator des Ordens, Stefano della Cumba, der auch Prior von S. Maria sopra Minerva (später die Grabstätte Katharinas) in Rom gewesen war.[5] – Ehrerbietig, aber ohne jede Scheu spricht sie so zu dem Papst, ein halbes Jahr bevor sie ihm in Avignon zum erstenmal gegenübertritt. Er hat eine Ratgeberin gefunden, die sich nicht an die Regel hält, zu schweigen, bis sie gefragt wird.

Am 21. März 1376 empörte sich Bologna gegen den Legaten des Papstes, und kurz danach muss Bruder Raimund nach Avignon aufgebrochen sein – mit einem Brief Katharinas an Gregor XI., worin das Ereignis («questo caso, che è avenuto, a Bologna») als neuestes Unglück erwähnt wird.[6] Hier kommt die Mahnerin gleich zur Sache: der Papst ist berufen, dem ganzen Erdkreis den Frieden zu bringen («di pacificare tutto l'universo mondo»). Und das muss er auf dreierlei Weise tun. Vor allem: «Im Garten der heiligen Kirche müsst Ihr, als Herr über diesen Garten, die stinkenden Blumen voller Unrat und Gier und Hoffart ausreissen: nämlich die schlechten Hirten und Statthalter, durch die der Garten vergiftet wird und verfault. [...] Pflanzt duftende Blumen in diesen Garten, Regenten und Hirten, die wahrhafte Diener des gekreuzigten Jesus Christus sind, die auf nichts anderes denken als auf die Ehre Gottes und das Heil der Seelen, und Väter der Armen sind.» Welch ein Ärgernis, sie zu sehen, die das Gut der heiligen Kirche unter die Armen verteilen müssten: sie verzehren es selbst, leben herrlich und in Freuden und in weltlicher Eitelkeit und lassen sich von dem guten und heiligen Wandel vieler Laien beschämen: Katharina lässt eine (von ihrem Ordensbruder Domenico Cavalca aufgenommene)

5 Duprè Theseider LV und LVI, Tommaseo 181 und 183.

6 Duprè Theseider LXIII, Tommaseo 206. Der Brief diente zugleich als Empfehlungsschreiben für Raimund und seine Begleiter.

Klage des Bernhard von Clairvaux anklingen.[7] Nicht durch «potentia umana», sondern durch «virtù santa» muss Gregor die Kirche auf den rechten Weg zurückführen: auf den Weg zu ihrer ursprünglichen Armut («nel suo primo stato povarello» – ein Anflug von franziskanischem Radikalismus) und zu ihrer weltabgewandten, rein geistlichen Sendung.

Der Reformgedanke dominiert in diesem Brief, wohl unter dem Eindruck des Aufruhrs, der in Italien um sich greift und den Katharina mit klerikaler Misswirtschaft nicht entschuldigen will, aber erklären muss. Das zweite Gebot, das sie «da parte di Cristo crocifisso» dem Papst übermittelt, hängt aufs engste damit zusammen: er kann die Kirche nicht erneuern und den Frieden unter den Christen nicht stiften, ohne «den Ort des ruhmreichen Hirten, des heiligen Petrus, wieder einzunehmen, da Ihr noch immer sein Statthalter seid *(di cui vicario sete rimaso)*». Die seit Jahrzehnten erörterte Frage, ob der Sitz in Rom zum Petrusamt unabdingbar gehöre oder ob umgekehrt gelte, wo der Papst sei, da sei auch Rom («ubi papa, ibi Roma»), berührt Katharina nicht – wie sie auch sonst nicht gegensätzliche Meinungen gegeneinander abwägt. Dass die Päpste ihrer Bestimmung nach die Welt von Rom aus regieren, steht für sie fest. Sie kann zu diesem Zeitpunkt geltend machen, dass der Zustand der Kirche und die politischen Verhältnisse in Italien für die schleunige Rückkehr Gregors XI. sprechen; und sie hofft ohne Zweifel, dass sich danach das französische Übergewicht in der Hierarchie verringern werde. Aber das sind zweitrangige Momente. Avignon ist das Exil –

7 Die Stellen bei Duprè Theseider, S. 98f., Anm. 14. – Über Cavalca: Giorgio Petrocchi, Cultura e poesia del Trecento. Storia della Letteratura Italiana II, Milano 1965, S. 648–652. – Der Kritik am Klerus ihrer Zeit widmet Katharina einen grossen Abschnitt in dem Kapitel «Il corpo mistico della santa Chiesa» ihres «Dialogo», S. 350–421.

das Babylon der Kirche –, Rom das irdische Jerusalem: die Umstände verdeutlichen nur den Heilsplan, der sich ins Werk setzen will. Und ebenso lässt sich der Kreuzzug – die dritte Aufgabe für den Papst – politisch begründen durch die Wechselwirkung, die der so dringend erwünschte Friede unter den Christen mit der Begeisterung für ein gemeinsames Unternehmen eingehen kann und muss.[8] Diese Begeisterung aber, wie Katharina sie selbst zu bekunden und von ihren Partnern zu fordern nicht müde wird, hat andere, tiefere Gründe: im Zeichen des Kreuzes wird die Christenheit zu ihrem Recht, das Volk der Ungläubigen zu der einen und ersten Wahrheit gelangen. So verknüpfen sich die drei zeitgebundenen Mahnungen an Gregor XI. in der einen Glaubenszuversicht: in Rom wird der Papst «die Kreuzesfahne erheben», und so wie das Kreuz uns befreit hat,[9] «werden wir von dem Krieg, von Entzweiung und vieler Ungerechtigkeit und das ungläubige Volk wird von seiner Ungläubigkeit befreit werden. Und auf diese Weise wird Euch die Erneuerung der heiligen Kirche durch gute Hirten gelingen.»[10]

[8] Nach der «Legenda maior» (zit. S. 925) hätte Gregor XI. in Avignon zu Katharina gesagt, zuerst müssten Friede und Einigkeit unter den Christen wiederhergestellt werden, ehe man den Kreuzzug unternehmen könne. Und sie hätte geantwortet: «Ihr werdet keinen besseren Weg zum Frieden unter der Christen finden können als die Aufforderung zum Kreuzzug» (vgl. «Legenda minor», zit. S. 122f. u. 182).

[9] Vgl. Gal. 4, 31.

[10] «Rispondete a Dio che vi chiama, che veniate a tenere e possedere el luogo del glorioso pastore santo Piero, di cui vicario sete rimaso, e ine drizzate el gonfalone della santa croce: ché, come per la croce fumo liberati (così disse Pavoloccio), così levando questo gonfalone, el quale mi pare rifrigerio de' cristiani, saremo liberati, noi della guerra e divisioni e di molte iniquità, e'l popolo infedele della sua infedelità. E con questi modi voi verrete, e arete la 'nformatione de' buoni pastori della santa Chiesa ...»

Vom Juni bis zum September hält sich Katharina in Avignon auf. Sie kann – unter anderem zugunsten der mit dem Interdikt belegten Stadt Florenz[11] – mit Gregor XI. sprechen, aber anscheinend nicht oft genug; denn es haben sich sechs Briefe erhalten, die sie ihm dort überbringen liess. «Eher würde ich es Euch mündlich als schriftlich sagen *(a bocca, che per iscritto)*, weil ich dann meiner Seele wohl besser Luft machen könnte», schreibt sie. «Nun kann ich das nicht mehr.»[12] Wenn andererseits der Papst ihr etwas Geheimes mitteilen will, soll er es dem Überbringer ihres Briefs (Neri di Landoccio Pagliaresi) anvertrauen. «Mir scheint, mein gütiger Vater, Ihr seid hier wie das Lamm inmitten der Wölfe» – wobei mit den Wölfen die Prälaten am päpstlichen Hof gemeint sein werden, vor denen sich Gregor *in Acht* nehmen muss: die französischen Kardinäle widersetzen sich der Rückkehr der Kurie nach Rom, vielleicht wollen sie auch eine Aussöhnung mit den Florentinern verhindern, und die Rücksicht auf sie zwingt den Papst, gegen Katharina eine gewisse Zurückhaltung an den Tag zu legen. So kann sich die Situation jedenfalls für sie dargestellt haben. Wem aber der Zugang zu einer grossen Persönlichkeit verwehrt oder erschwert wird, der stellt sich ungern vor, dass der Widerstand von ihr selbst ausgeht, und macht dafür lieber die Umgebung verantwortlich. Es ist doch auch möglich, dass Gregor schon damals die Frau, die ihn immer von neuem und – wenn man von ihrer schriftlichen auf die mündliche Redeform schliessen kann – mit immer denselben Worten in seinen längst gefassten Plänen bestärkte, nicht allzu oft vorlassen wollte.

Tatsächlich nimmt Katharina in dem zitierten Brief selber darauf Bezug, dass sich der Papst die Rückkehr nach Rom und den Kreuzzug schon vorgenommen hat («el pro-

[11] Vgl. oben S. 99–107.

[12] Duprè Theseider LXXIV, Tommaseo 218.

ponimento che avete fatto, dell'avenimento vostro e del santo passaggio»). Nun soll aber Gregor seinen Vorsätzen auch nachkommen («mandate in effetto ...»), und dazu will sie ihm Mut machen: Schon zeige sich die Blüte (die vermeintliche Nachgiebigkeit der Florentiner?) – wie könnten da die Früchte nicht folgen.[13] Und auf solchen Zuspruch ist Gregor XI. zweifellos angewiesen. Doch der Unsichere will ermuntert sein, ohne gedrängt zu werden; und auch die demütigste Bitte, dass er ein offenes Wort – eine tadelnde Belehrung – verzeihen möge, entschädigt ihn nicht dafür, dass er es sich (wieder einmal) hat anhören müssen. Das Bild des Klerus, das ihm Katharina vor Augen führt – die Prälaten, Hirten, Beamten der Kirche bekehren nicht, sondern verzehren die Seelen aus Eigensucht, Hoffart, Geiz, Habgier und leiblicher wie geistiger Unreinheit –, ist ihm ohnehin bekannt genug, und nicht nur aus ihrer Schilderung.[14] Und doch kann ihm der Anspruch, der aus ihrem Verständnis seines Amts an ihn ergeht, auch einen Halt gewähren: «... mit dem Wunsch, Euch als wahren Hirten zu sehen nach der Unterweisung von dem Vater, von Christus, dessen Stelle Ihr einnehmt – der sein Leben für seine Schafe eingesetzt hat, ohne unserer Undankbarkeit und der Verfolgung, der Kränkungen, des Schimpfs und der Schmähungen derer zu achten, die er geschaffen und denen er so viel Gutes erwiesen hatte; und der es nicht

[13] «Tosto dunque ne verranno i frutti, poi che 'l fiore comincia a venire.» Dante, «Paradiso» 27, 148: «e vero frutto verrà dopo 'l fiore.»

[14] In Petrarcas «Liber sine nomine», das auf eigener Beobachtung, aber auch auf der Kenntnis älterer Autoritäten beruht, finden sich ähnliche Formulierungen: Paul Piur, Petrarcas ‹Buch ohne Namen› und die päpstliche Kurie, Halle 1924, S. 105 f. – Für Petrarca gehören, wie für Katharina, die Rückkehr des Papstes nach Rom und eine tiefgreifende Reform des Klerus zusammen; an Urban V.: «Reduc Ecclesiam tuae creditam custodiae in antiquos mores quam in sedes pristinas reduxisti ...» (zit. ebd. S. 51). Und die Kreuzzugsidee hat auch ihn begeistert.

müde wird, sich unseres Heils anzunehmen; sondern von Liebe erfüllt zur Ehre des Vaters und zu unserem Heil, schaut er nicht auf sein Leiden; vielmehr besiegt er durch seine Weisheit, Friedfertigkeit und Güte unsere Bosheit.»

Raimund von Capua berichtet,[15] er habe in jenem Sommer 1376 an den Gesprächen Katharinas mit Gregor XI. als Dolmetscher teilgenommen; denn der Papst habe das «Italicum idioma» nicht verstanden und Latein gesprochen. So stammt wohl von ihm auch die lateinische Fassung eines kurzen Briefs,[16] die an einigen Stellen von dem italienischen Original abweicht. – Der Papst hat Katharina ein Schriftstück zukommen lassen, worin ihm nahegelegt wird, nach dem Beispiel Clemens' IV. (1265–1268) vor wichtigen Entscheidungen den Rat der Kardinäle einzuholen. Sie versteht diesen Wink an den Papst – vermutlich mit Recht – so, dass die in Avignon anwesenden Kardinäle ihn davon abhalten wollen, die Rückkehr nach Rom endgültig zu beschliessen, ohne sich von ihnen «beraten» – nämlich abraten – zu lassen. Während sie aber «i cardinali» schreibt, übersetzt Raimund: «inimici omnis boni» (‹die Feinde alles Guten›), wodurch er einerseits offenlässt, ob wirklich die Kardinäle es waren, und ihnen andererseits ihr Urteil spricht. «Ach, Heiliger Vater», schreibt Katharina, «da führen sie Clemens IV. an [und im lateinischen Text wird ergänzt: ‹... welcher sehr auf sich selbst und das Seine achtgab, aber viel weniger auf das allgemeine Wohl, dem alles untergeordnet sein muss›], und nicht Urban V., der in den Dingen, über die er im Zweifel war [...], ihren Rat hören wollte; aber wenn er einer Sache gewiss war, *so wie Ihr Euerer Abfahrt gewiss seid,* holte er nicht ihren Rat ein, sondern folgte dem eigenen und sorgte sich nicht, weil ihm alle ent-

[15] Legenda maior, zit. S. 891.
[16] Duprè Theseider LXXVII, Tommaseo 231.

gegen waren.» So soll sich nun Gregor aus den Schlingen der Dämonen befreien, die ihn in Avignon festhielten, woraus viel Schaden und Unglück entstanden ist, und soll zu der Braut eilen, die ihn «tutta impalidita» erwartet.[17] «Braucht eine heilige List: gebt Euch den Anschein, als wolltet Ihr noch länger warten, und tut es dann plötzlich ...»[18]

«Gleich lasst uns aufbrechen, lieber Vater *(andiamci tosto, padre mio dolce)*», hat sie im Lauf des Sommers 1376 geschrieben (231). Das braucht man nicht so zu verstehen, dass Katharina vorhatte, den Papst nach Rom zu begleiten; die Formulierung kann auch ihr inneres «Mitgehen» ausdrücken. Anfang September steht nun die Abreise Gregors XI. und damit die endgültige Rückkehr der Petrus-Nachfolger nach Rom bevor.[19] Katharina muss dem Papst seinen festen Entschluss nicht mehr zuschreiben, sie kann sagen, dass er ihn schon in die Tat umgesetzt hat («d'averla messa in effetto») – und zögert keinen Augenblick, ihn an seine beiden anderen Pflichten zu erinnern, an «den Kreuzzug und die Verfolgung der Schlechtigkeiten, die in dem Leib der heiligen Kirche begangen werden». Sie erinnert daran, dass ihr Gregor gesagt hat, für den Kreuzzug brauche er «einen Fürsten, der ein guter Befehlshaber wäre», und weist ihn, wie schon berichtet,[20] auf den Herzog von Anjou hin. Sie kann aber auch an den ihr übermittelten Wunsch des Papstes anknüpfen, «unseren lieben Erretter für Euch zu bitten *(come voi mi mandaste dicendo)*», und gibt an ihn weiter, was der Herr auf ihr Gebet hin zu ihr gesprochen hat: «Sage ihm zuverlässig, dass ich ihm dieses untrügliche Zeichen gebe für meinen Willen, dass er gehe: je mehr Wi-

[17] Dante, «Purgatorio» 6, 112 f.: «Vieni a veder la tua Roma che piagne / vedova sola ...»

[18] Dante, «Inferno» 27, 110: «lunga promessa con l'attender corto».

[19] Duprè Theseider LXXX, Tommaseo 238.

[20] S. oben S. 117.

derstände er finden und je mehr Widerspruch er erfahren wird, um so mehr wird er spüren, dass eine Kraft in ihm wächst, die ihm niemand mehr nehmen kann; denn das ist gegen seine natürliche Weise. Und ich sage dir: ich will, dass er das allerheiligste Kreuz über die Ungläubigen erhebe und dass er es über seine Untertanen erhebe – über sie, die im Garten der heiligen Kirche weiden und sich nähren, sie, denen mein Blut anvertraut ist. Ich will, sage ich, dass er das Kreuz über sie erhebe, indem er ihre Schlechtigkeiten und Mängel verfolgt.»

Der Wille des Herrn tut sich darin kund, dass Gregor zu einem Verhalten «gegen seine natürliche Weise» befähigt oder bevollmächtigt wird. Gemäss dem «modo suo naturale» schreckt er vor Entschlüssen zurück; das weiss Katharina nicht nur, sondern sie rechnet damit, dass auch er es weiss – dass er selbst eine ungewohnte und durch Widerstand nicht geschwächte, sondern gestärkte Entschlusskraft als Zeichen göttlicher Lenkung verstehen muss. Sie spricht nicht «diplomatisch» zu ihm, und die «Psychologie» ihrer Rede erscheint zumindest als unbekümmert; weil aber Gott es ist, der den Papst zu einem doppelten, äusseren und inneren Kreuzzug auffordert, kommen solche Kategorien von vornherein nicht in Betracht.

Wohl nur ein paar Tage später wird die schwererkämpfte Entschlossenheit Gregors XI. auf eine letzte Probe gestellt. Er erhält einen Brief, der die Unterschrift eines vertrauenswürdigen Klerikers trägt, mit der dringenden Warnung, in Italien werde ein Attentat auf ihn geplant. Der Papst lässt Katharina auch dieses Schriftstück – wie schon den Mahnbrief der Kardinäle – zukommen, und ihrer Antwort ist der ungefähre Inhalt zu entnehmen.[21] Es scheint sich um eine Fälschung zu handeln («fittivamente pare fatta»). Katha-

[21] Duprè Theseider LXXXI, Tommaseo 239.

rina zitiert das Christuswort von den «falschen Propheten, die in Schafskleidern zu euch kommen, inwendig aber sind sie reissende Wölfe»,[22] der Schreiber, der seinerseits mit einem Wort aus der Apokalypse (3,20) seinen Besuch ankündigt, lässt Gregor nicht, wie er vorgibt, einen wohlmeinenden Rat aus der Ferne zukommen, sondern ist einer der «Knechte des Teufels» in seiner Umgebung. Er rechnet damit, dass die Sorge um sein Leben den Papst davon abhalten könnte, Avignon zu verlassen – als fände sich das Gift, vor dem er ihn warnt, nicht auch in dieser (und in jeder anderen) Stadt. Der «gute», der «heilige», der «rechtschaffene Mann» – Katharina spricht für einmal ironisch – heisst die Rückkehr nach Rom zwar gut, empfiehlt dem Papst aber, Leute seines Vertrauens vorauszuschicken, die «per le tavole» und «per le botteghe», von Ausschank zu Ausschank, feststellen sollen, ob da ein Gift bereitsteht, das je nachdem auf rasche oder langsame Wirkung berechnet sein kann – auf Zeitgewinn ist der «gute Rat» jedenfalls berechnet.

Es ist möglich, dass Katharina das Machwerk ein wenig karikiert, um zu zeigen, wie sicher sie ist, dass sich Gregor davon nicht beeindrucken lässt. Gleichzeitig hält sie es doch für der Mühe wert, den Papst noch einmal zu beschwören, er solle jetzt nicht mehr zurückweichen, nichts hinausschieben, die Rückkehr nach Rom nicht und nicht den Kreuzzug: er darf seine «figliuoli naturali» – das heisst hier: die rechtmässigen Kinder, die Christen – nicht im Stich lassen, und er muss die noch ungetauften «figliuoli bastardi» mit tugendhafter Gewalt der Mutter Kirche zuführen. Und in diesem besonderen Fall argumentiert Katharina auch im engeren Sinn politisch: der Briefschreiber warne den Papst vor Gift, das ärgste Gift aber mische er ihm selbst. Und in welcher Weise? Wenn Gregor nicht ginge

[22] Matth. 7, 15. Vgl. Dante, «Paradiso» 27, 55: «In vesta di pastor lupi rapaci ...»

und nur andere gehen liesse, wie der «gute Mann» ihm rate, würde dies ein Ärgernis ohnegleichen, einen «zeitlichen und geistlichen Aufruhr» erregen, weil er dann als Lügner dastünde, der sein Kommen angekündigt und festgesetzt habe und nun nicht käme. So eben würde der Warner recht behalten: die Vertrauensleute des Papstes würden im Mund und im Herzen der Menschen ein Gift finden, das rasch *und* auf lange Zeit hinaus wirkte. Mit dieser zweifellos zutreffenden Begründung ermuntert Katharina den kaum mehr schwankenden Papst zum Aufbruch; sie selbst will Avignon noch vor ihm verlassen und bittet ihn um eine Abschiedsaudienz.

Das Schisma

«Geringer als ein Strohhalm oder ein Schatten wird uns alles andere scheinen im Vergleich mit diesem», schreibt Katharina im Sommer 1378 aus Florenz an den *Kardinal Pedro de Luna* (293). Die Formulierung stimmt mit der Voraussage überein, die ihr in den Legenden (vielleicht gerade auf Grund dieses Briefs?) zugeschrieben wird: wie ein «Kinderspiel» oder wie «Milch und Honig» würden sich alle früheren Heimsuchungen neben dem künftigen Schisma, das sie auch «eine Art Häresie» nennt, ausnehmen.[23] – Gregor XI. war am 27. März 1378 gestorben. Von drei erhalten gebliebenen Briefen, die Katharina nach ihrer beider Abreise von Avignon an ihn gerichtet hat, holt nur der erste noch einmal zu einer Betrachtung über die Pflichten des Papstes und über die «costantia, fortezza e patientia» aus, die ihm not tun.[24] In diesem wie in den beiden anderen Briefen (270, 285) bittet sie Gregor, sich mit Florenz und

[23] S. oben S. 26 u. 109.
[24] Duprè Theseider LXXXVII, Tommaseo 252.

mit Siena – ihrer eigenen «città tapinella» (dem «armen Nest», das sich wohl oder übel den andern rebellischen Städten anschliessen musste) – versöhnen zu wollen. In keinem dieser Texte hat eine Frage oder eine Antwort des Papstes eine Spur hinterlassen. Das allein beweist nicht, dass er sich von ihr abgewandt hat. Und wenn berichtet wird, auf dem Sterbebett habe Gregor die Umstehenden vor gewissen Ratgebern, Männern und Frauenspersonen («mulierculae»), gewarnt, die durch vermeintliche Visionen die Kirche ins Unglück brächten,[25] so passt das Stichwort «Visionen» eher auf Birgitta von Schweden als auf Katharina; aber wahrscheinlich ist doch, dass der Papst auch ihren Einfluss für die kritische Lage verantwortlich machte, in der er das Petrusamt hinterliess.

In ihrem Brief an de Luna schreibt Katharina, das nun drohende Schisma sei wohl durch ihre Sünden heraufbeschworen worden («della quale cosa dubito forte che per li miei peccati ella non venga»). Das bedeutet indessen nicht, dass sie nachträglich glaubte, Gregor XI. falsch beraten zu haben. Die Rückkehr nach Rom hatte kein Fehler sein können; die Spannungen, die dann gewachsen waren, statt sich zu legen, und die heillose Zuspitzung des Gegensatzes zwischen den Fraktionen im Kardinalskollegium erklärten sich nicht aus der endlichen Durchführung dieses einen Vorhabens, sondern daraus, dass die seit langem geforderten weiteren Schritte ihr nicht gefolgt waren. Der Friede mit Florenz war noch immer nicht geschlossen, die Reform des Klerus nicht in Angriff genommen, der Kreuzzug wurde nicht mehr ernsthaft geplant. Die Schuld, die sich Katharina zuschreibt, besteht darin, dass ihre Überzeugungskraft und – wohl vor allem – die Kraft ihres Gebets nicht genügt haben, um den Papst und durch ihn die Kirche auf dem vom göttlichen Willen vorgezeichneten Weg

[25] Eugenio Duprè Theseider, Caterina da Siena. Dizionario biografico degli Italiani 22 (1979), S. 368.

fortschreiten zu lassen. Sie glaubt sehen zu müssen, dass ein nicht überwundener «Erdenrest» sie daran gehindert hat, die Macht des «dimonio» zu bannen. Sie macht ihre Schwäche verantwortlich für die Schwäche der Verantwortlichen. Und gleichzeitig hält sie an den politischen Notwendigkeiten fest, die sich aus der so überaus kritischen Situation ergeben.

Am 8. April 1378 war der Erzbischof von Bari und Vizekanzler der Kirche, Bartolomeo Prignano, in Rom zum Papst gewählt worden. Für Katharina war Urban VI. von diesem Tag an «Christus auf Erden», und offenbare «eresia» musste es sein, ihm das Recht auf das oberste Hirtenamt abzusprechen. Seine Legitimität wurde aber alsbald bestritten; auch von Kardinälen, die seiner Wahl zugestimmt hatten – unter äusserem Druck, wie sie nun erklärten.[26] Der nicht völlig unbegründete Zweifel an der Rechtmässigkeit dieser Wahl hing natürlich aufs engste mit der Frage zusammen – eine Frage, die Katharina ganz fremd war –, ob sie die *richtige* gewesen sei. Die sechzehn anwesenden Elektoren, sieben «limmogini», vier weitere Franzosen, vier Italiener und ein Aragonese (eben de Luna), hatten sich nicht auf ein Mitglied ihres Kollegiums einigen können; auf einen italienischen Kardinal gerade deshalb nicht, weil das römische Volk die Wahl eines solchen unter Drohungen forderte. Der Kompromisskandidat Prignano, ein Neapolitaner, galt als Parteigänger der Anjou; zu Unrecht, wie sich dann zeigte. Nun stand der Heilige Stuhl also wieder in Rom, und nach sieben französischen Päpsten hatte ein Italiener ihn inne. Urban VI. hätte eines politischen Feingefühls bedurft, das ihm nicht gegeben war, um die enttäuschte Mehrheit der Kardinäle mit diesem Umschwung der kirchlichen Machtverhältnisse wenigstens teilweise zu versöhnen. Zwar gelang ihm am 18. Juli 1378 – nicht ohne Katharinas Hilfe – der

[26] Vgl. Guillaume Mollat, I papi di Avignone e il grande scisma. Storia del Mondo medievale, VI, Milano 1980, S. 553 f.

von seinem Vorgänger immer wieder hinausgeschobene Friedensschluss mit Florenz, der ihm in Italien das Übergewicht über den am 20. September gewählten Gegenpapst sichern sollte. Doch eine weitere Massnahme kam zu spät: die Ernennung von 26 Kardinälen (24 Italienern, 2 Franzosen), von der er sich eine breite Basis für sein Pontifikat versprach, ist der schismatischen Wahl des Grafen Robert von Genf – Clemens' VII. – nur um zwei Tage vorausgegangen. Katharina hatte ihm in dem ersten Brief, den sie an ihn richtete (291), dringend empfohlen, «una brigata di buoni cardinali» zu seiner Unterstützung heranzuziehen.

«Ich habe vernommen, dass dort [in Rom] Zwietracht entsteht zwischen Christus auf Erden und seinen Jüngern *(discepoli)*»: sie schreibt an de Luna gerade noch vor dem offenen Ausbruch des Konflikts, und sie drängt auch ihn, sich für den Frieden mit Florenz und für die Ernennung neuer Kardinäle zu verwenden – «beherzter Männer, die den Tod nicht fürchten, sondern sich bereit finden, in Liebe zur Wahrheit standzuhalten und für die Wiederherstellung der heiligen Kirche einzutreten bis zum Tod, und die ihr Leben, wenn es sein muss, für die Ehre Gottes hingeben». Katharina weiss noch nicht, dass der Kardinal, an den sie sich wendet, im Begriff steht, von Urban VI. abzufallen. Dies eine Mal sehen wir deutlich, dass ihr Appell an dem «amor proprio», am Egoismus des Adressaten abprallt. Pedro de Luna hat für Clemens VII. Partei ergriffen und die iberische Halbinsel für seine Obödienz gewonnen; nach dem Tod des Gegenpapstes, 1394, hat er sich zu seinem Nachfolger wählen lassen und als Benedikt XIII. in Avignon residiert, bis ihn 1414 das Konzil von Konstanz absetzte.

In den Sommerwochen des Jahres 1378, die Katharina noch in Florenz verbrachte, ehe sie nach Siena zurückkehrte, um dann im Spätherbst nach Rom zu ziehen, wurde eine anonyme Flugschrift in Umlauf gesetzt, die – schon in Erwartung der Wahl eines Gegenpapstes – die Legitimität Urbans VI. verfocht. Man hat sie zeitweise Raimund von Capua zugeschrieben, dessen Latein aber ungleich schlichter war als die rhetorische Sprache, die dem Verfasser zur Verfügung stand.[27] Das Manifest lässt indessen erkennen, dass sich noch vor dem Ausbruch des Schismas ein Kreis von Anhängern oder Verteidigern des Papstes zu bilden begann, mit dem Katharina zweifellos in Verbindung stand. Ihm ist etwa auch der englische Augustiner-Eremit William Fleete zuzurechnen, der sie schon in ihrem Werben für den Kreuzzug unterstützt hatte und von dem ein Brief aus dem Jahr 1380 an die Ordensbrüder in seiner Heimat erhalten ist – ein aufschlussreicher Text vor allem deshalb, weil er die Gültigkeit der Wahl Urbans nicht so sehr kanonistisch begründet als vielmehr erklärt, die «Diener Gottes» seien ihrer «durch Offenbarungen, Eingebungen und Gebete» gewiss.[28] Von solcher Gewissheit lässt Katharina sich leiten, da sie den Kampf für den umstrittenen Papst aufnimmt. Ende September oder Anfang Oktober schreibt sie den schon erwähnten Brief [29] an die Kardinäle *Pietro Corsini, Simone di Borzano* und *Giacomo Orsini* (310).

Nur vier Italiener hatten dem Kollegium angehört, als Urban VI. gewählt wurde; einer von ihnen war kurz danach gestor-

[27] Gérard Gilles Meersseman, Gli amici spirituali di S. Caterina a Roma nel 1378 alla luce del primo manifesto urbanista. Bullettino Senese di Storia Patria 69 (1962) 83 -123. Der Text bei Franz Plazidus Bliemetzrieder, Raimund von Capua und Caterina von Siena. Hist Jahrb. 30 (1903) 242–265. – Vgl. auch Daniel Ols, Sainte Catherine de Sienne et les débuts du Grand Schisme, in: Colloque international «Genèse et débuts du Grand Schisme d'Occident» (Avignon 1978), Paris 1980, S. 337–347.

[28] M. H. Laurent, De litteris ineditis fr. Willelmi de Fleete. Analecta Augustiniana, 18 (1942) 312. – Vgl. auch Aubrey Gwynn, The English Austin Friars in the Time of Wyclif, Oxford 1940, S. 139–159.

[29] S. oben S. 27.

ben, und die drei anderen – ein Florentiner, ein Mailänder und ein Römer – hatten sich nun zur Partei des Gegenpapstes geschlagen. Katharina fordert sie auf, «zurückzukehren zum wahren, vollkommenen Licht und herauszutreten aus solch tiefer Verfinsterung und Blindheit, der ihr verfallen seid». Einzig die «ungeordnete Liebe zu sich selbst und zur Welt» kann diese Verirrung bewirkt haben. Katharina geht nur mit heftigem Widerspruch auf die Legitimitätszweifel und mit keinem Wort auf die Frage der persönlichen Eignung des Papstes ein. Sie holt zu einer Klagerede über die Fehlbarkeit und die mangelnde Einsicht des Menschen aus – «Non vedi tu, disaventurato uomo ...» – und geht dann allmählich zu der besonderen Schuldhaftigkeit derer über, «die Gott aus dem Kot der Welt gezogen und zur höchsten Würde erhoben hat»:

«Wehe, wehe, wohin hat das euch geführt, dass ihr nicht eurer Würde in Tugend gefolgt seid! Ihr wart berufen, euch an der Brust der heiligen Kirche zu nähren: wie Blumen, in diesen Garten gesetzt, dass ihr den Duft der Tugend verbreiten solltet; zu Säulen wart ihr bestellt, dieses Schifflein und den Stellvertreter Christi auf Erden zu stärken: ein Licht solltet ihr sein auf dem Leuchter, um Licht zu spenden den gläubigen Christen und um den Glauben zu verbreiten. Wohl wisst ihr, ob ihr getan habt, wofür ihr geschaffen wart.[30] [Ihr habt es] gewiss nicht [getan], denn die Eigenliebe hat es euch nicht erkennen lassen; wo ihr doch in Wahrheit nur dazu in diesen Garten gesetzt wart, um Kraft zu spenden und Licht und Beispiel guten und heiligen Lebens zu geben. Hättet ihr das gewusst, so würdet ihr diese süsse Wahrheit geliebt und euch in sie gekleidet haben. Und wo ist euere Dankbarkeit, die ihr dieser Braut schuldet, die euch genährt hat an ihrer Brust? Ich sehe

[30] «creati» – worunter sie auch die «Kreierung» der Kardinäle verstehen könnte.

nichts als Undankbarkeit; und die Undankbarkeit lässt die Quelle des Glaubens versiegen. Was aber zeigt mir, dass ihr undankbar, sittenlos, käuflich seid? Die Verfolgung, die ihr und die anderen dieser Braut zufügt zu der Zeit, da ihr Schilde sein und den Schlägen der Häresie widerstehen solltet.»

Die Kardinäle haben Urban VI. ordnungsgemäss gewählt und der Christenheit ihre Wahl verkündet, doch bei dieser Wahrheit sind sie nicht geblieben, sondern als «feige und elende Ritter» haben sie sich von ihr abgewandt; und warum? Das «Gift der Eigenliebe» hat bewirkt, «dass ihr, die Säulen, schwächer als Strohhalme wurdet» – Blumen, die nicht Duft verbreiten, sondern Gestank; «die ganze Welt habt ihr mit Gestank erfüllt», und das Übel, «das ihr in euch tragt, wollt ihr auf uns übertragen, wollt uns der Obödienz unseres Christus auf Erden entziehen und in jene des Antichrist einführen». Lügner, Götzendiener nennt sie die Kardinäle, die obendrein – «menschlich gesprochen» – auch nicht durch Vaterlandsliebe («passione della patria») bewogen wurden, dem italienischen Papst («Cristo in terra italiano») treu zu bleiben. Diebe seien sie und nicht Schafe, sondern Wölfe; sie rede, sagt sie – und kaum müsste sie es sagen –, «nicht ehrerbietig» zu ihnen; das Recht auf Ehrerbietung hätten sie verwirkt, und die göttliche Strafe sei ihnen gewiss, «denn unsere Missetaten bleiben nicht ungesühnt, namentlich jene nicht, die wir an der heiligen Kirche begehen».

Der Brief macht auf Fragen aufmerksam, die uns auch in anderen Fällen beunruhigen müssen. Ist er – und wie – abgeschickt worden? Ist er eingetroffen? Lautete er für die Adressaten so, wie wir ihn lesen? Und welche Wirkung kann er getan haben? Ein «Kunstbrief», ein literarischer Text ist er nicht; er bringt die Gefühle der Schreiberin ganz unmittelbar zum Ausdruck, er lässt keine Spur einer nachträglichen Stilisierung erkennen. Man kann sich schwer vorstellen, dass er als programmatischer Text für einen inneren Kreis, für eine anonyme Öffentlichkeit oder für die Nachwelt bestimmt war. Sollen wir mit der Möglichkeit rechnen, dass Katharina den Brief in ihrer Erregung diktiert, dann aber zurückbehalten hat, oder ganz im Gegenteil annehmen, dass ihre Sekretäre ihn viermal geschrieben haben – für jeden Adressaten und für die Briefsammlung (denn es ist zwar nicht wahrscheinlich, dass an einer solchen schon damals gearbeitet wurde; doch erst recht ist nicht denkbar, dass einer der Betroffenen später das Schriftstück zur Verfügung gestellt hat)? Oder lesen wir heute das originale Diktat, und die Kardinäle haben eine überarbeitete Fassung erhalten? Das ist immerhin möglich; der Tadel jedoch, der an ihnen geübt wurde, hat seine tödliche Schärfe in keiner Form einbüssen können. Sie haben so kaum die Aufforderung zur Umkehr, wohl aber Katharinas vernichtendes Urteil in sich aufgenommen – mit welchen Empfindungen, das wissen wir nicht.

Acht Briefe Katharinas aus der Zeit zwischen dem Sommer 1378 und dem Frühjahr 1380 sind an *Urban VI.* gerichtet: die zwei ersten (291, 302) noch in Florenz vor dem Ausbruch des Schismas geschrieben, weitere drei (305, 306, 346) kurz danach in Siena – zu der Zeit, da sie den «Dialogo» diktiert –, die drei letzten (351, 364, 370) zwischen Katharinas Übersiedlung nach Rom (November 1378) und ihrem Tod; die Datierung des dritten ist umstritten, die des achten unsicher.[31] – In jedem dieser Briefe schimmert durch, was keinem anderen Adressaten gegenüber zum Ausdruck kommt: dass Katharina sich nicht nur um die gerechte Sache, sondern auch um das rechte Verhalten des Papstes sorgt. Schon der erste soll ihm vor Augen führen, dass sein Auftrag «sowohl in der heiligen Kirche wie auch im Ganzen der christlichen Reli-

[31] Fawtier, Sainte Catherine de Sienne, zit. II, S. 150–160.

gion»[32] grosse Geduld und viel Liebe von ihm verlangt: er muss ein «sanfter und guter Hirte» sein oder werden, der Gerechtigkeit mit Erbarmen verbindet, Strenge gegen den verwahrlosten Klerus und Milde für die irregeleiteten Söhne – die Florentiner, deren Seelenheil durch das noch fortdauernde Interdikt bedroht ist. Den Verdacht, dass der Papst im Gegenteil dazu neigen könnte, die Reform der Kirche hinauszuschieben und es im Umgang mit den «Rebellen» an Versöhnlichkeit fehlen zu lassen, spricht Katharina nicht aus, aber man glaubt ihn zu spüren.

Etwas deutlicher wird ihre Befürchtung im zweiten Brief (302), in dem sie ihren Mitbruder Bartolomeo Dominici in Schutz nimmt. Der Papst zürnt dem Dominikaner, der ihm mit offenbar allzu drastischen Worten von Missständen in der kirchlichen Hierarchie gesprochen hat, und Katharina bittet ihn um Nachsicht für die grosse «ignoranzia» des Ordensmanns – und ihre eigene; denn sie lässt keinen Zweifel daran, dass sie nicht anders denkt als er und so gut wie er die Ungnade Urbans verdient hätte. Bevor sie aber auf diesen Zwischenfall eingeht, schreibt sie: «Ich weiss, dass Euere Heiligkeit [eine formelle Anrede, die sie gegenüber Gregor XI. nicht verwendet hat, in den Briefen an seinen Nachfolger aber beibehält] ein grosses Verlangen nach Helfern hat, die ihm beistehen *(aiutatori che v'aiutino)*; Ihr braucht aber Geduld, um sie anzuhören.» Sowohl die Mahnung zur «pazienzia» wie den Wunsch, der Papst möge «buoni pastori» finden (was jedoch voraussetzt, dass er sie sucht), wiederholt sie in dem Augenblick, da sie in Siena von «jenen bösen Menschen» gehört hat, «die Eure Heiligkeit mit dem Stock der

32 «... e sì nel corpo della santa Chiesa, e sì nell'universale corpo della religione cristiana»: die Unterscheidung mag sich auf das «corpus mysticum» (den Klerus) einerseits, das gesamte Volk Gottes andererseits beziehen, vielleicht aber auch auf die gegenwärtige und eine künftige, die noch Ungläubigen einbeziehende Christenheit; womit das Thema des Kreuzzugs wieder angedeutet wäre.

Ketzerei schlagen wollen», so dass er nun standhaft, aber erst recht bereit sein muss, die Kirche von den Lastern ihrer Diener zu reinigen (305). Schon jetzt und noch offener in dem folgenden Brief deutet sie ihre Hoffnung an, auf das «Schlachtfeld» gerufen zu werden. Sie findet keine Ruhe mehr, sie «hat nicht, wohin sie ihr Haupt legen kann» (ein nicht sinngetreu entlehntes Jesuswort[33]); zu gross wird für sie das Verlangen nach dem Martyrium (306).

Ob Urban VI. ihr befohlen oder erlaubt hat, nach Rom zu kommen, und ob sie auf sein Geheiss, auf seinen Wunsch oder mit seiner Duldung bis zu ihrem Lebensende dort blieb, lässt sich nicht ausmachen. Im Frühjahr 1379, im vierten oder fünften Monat ihres Aufenthalts, schreibt sie ihm (364): «Ich wäre gekommen und hätte nicht geschrieben, nur wollte ich Euch nicht lästig fallen durch mein häufiges Kommen *(se non per non darvi tedio nel tanto mio venire)»;* was einerseits davon zeugt, dass der Papst ihr oft Audienz gewährte, und andererseits verrät, dass ihm eine gewisse Zurückhaltung von ihrer Seite doch auch willkommen war. Eben weil sie nun Gelegenheit hatte, in der Kurie persönlich zu erscheinen und gelegentlich wohl an Beratungen teilzunehmen, ergeben ihre von Rom aus an Urban gerichteten Briefe kein geschlossenes Bild ihres dortigen Wirkens. Den Auftakt bildet das schon erwähnte Geschenk, das sie ihm Ende 1378 gemacht haben wird: bittere Orangen und süsser Honig.[34] Symbole der Anfechtung und des Trostes (aber auch «méle di profonda umilità», was den Orangen die Bedeutung einer entgegengesetzten Eigenschaft des Papstes geben könnte). Im März oder April folgt der eben zitierte Brief, der an die Stelle eines Besuchs getreten ist; man würde gern wissen, wie Katharina seinen Inhalt mündlich vorgebracht haben würde. Denn sie spricht mit sehr

[33] Matth. 8, 20.

[34] S. oben S. 33.

deutlichen Worten von der Enttäuschung, die ihr nun auch die Amts- und Lebensführung der neuen – vor einem halben Jahr ernannten – Kardinäle bereitet; sie erhebt geradezu den Vorwurf der Simonie und lässt Christus darüber klagen, dass die Kirche «nicht von den Lastern gereinigt ist und Euere Heiligkeit nicht den Eifer zeigt, den sie haben müsste». Gott wolle seine Braut «in allem erneuern und [wolle] nicht, dass sie aussätzig bleibe». Der Papst müsse das Notwendige im Verborgenen tun, und auf gute Art («e con modo, e non senza modo», weil er sonst mehr verderbe als erreiche), «mit Wohlwollen und ruhigen Herzens». Jene «plötzlichen Regungen», die seine Natur ihm eingebe, solle er mildern. Und zuletzt: «Möchte sich doch Eure Heiligkeit mit vertrauenswürdigen Personen umgeben, an denen man die Gottesfurcht erkennt, damit das, was in Euerem Haus getan und gesagt wird, nicht den leibhaftigen Dämonen zugetragen wird (denn ihre Fehler sind Eure Feinde[35]), nämlich dem Gegenpapst und seinen Anhängern.»

Ende April 1379 wurde die Engelsburg, die von den Söldnern Clemens' VII. besetzt worden war, zurückerobert, und Urban VI. zog in einer Buss- und Dankprozession – barfuss – von S. Maria in Trastevere nach Sankt Peter, um den Sitz des Apostelfürsten wieder einzunehmen. In dem Brief, den Katharina am folgenden Pfingsttag an ihn richtet (351), spricht sie von den «wunderbaren Dingen», die Gott durch ein unwürdiges Geschöpf («per mezzo di vile creatura») ins Werk gesetzt habe, «damit wir klar erkennen, dass Er es ist, der vollbringt, und nicht menschliche Macht». So kann sie Gott allein die Ehre geben, gerade indem sie sich selbst als Werkzeug der Vorsehung betrachtet: das Gebet einer schwachen Frau kann erwirken, was Drohung und Waffengewalt nicht vermocht haben. Und «dem höchsten ewi-

[35] Gemeint ist: die Fehler oder die Mängel der Menschen, mit denen der Papst sich umgibt.

gen Gott» wird sie Dank sagen, «der uns auf das Schlachtfeld gewiesen hat, als Ritter, die für seine Braut kämpfen mit dem Schild des heiligsten Glaubens». Dieses abschliessende Wort steht in einem Brieffragment (371), dessen Empfänger nicht feststeht; doch die Vermutung liegt nahe, dass es für den Papst bestimmt war. Ihn hatte Katharina ermahnt, den Römern mit Sanftmut, nicht mit Härte zu begegnen (370),[36] und diese Mahnung klingt auch hier wieder an, nun aber im Zusammenhang eines Vermächtnisses, das – ähnlich wie der «Dialogo» – Gott das Wort gibt. «Ich lasse zu», sagt der Herr, «dass er [der Papst] auf seine ungeartete Art *(con modi, e' quali egli tiene senza modi)* und mit der Furcht, die er den Untergebenen einflösst, die heilige Kirche reinigt. Doch dann kommt ein anderer, der sie mit Liebe begleiten und wieder erfüllen wird. [...] Du aber sage meinem Stellvertreter, dass er nach dem Mass seiner Macht zum Frieden gelange und Frieden einem jeden gewähre, der ihn empfangen will.» Und die Kardinäle sollen sich vereinigen und sollen «ein Mantel sein, um das Tun ihres Vaters, wo es mangelhaft scheint, zu bedecken».

Noch ehe sich die Sorge Gottes um seine Kirche den Pflichten ihrer obersten Diener zuwendet, spricht er zu Katharina selber von ihrem Auftrag. «Was kann ich tun?» hat sie gefragt; und er gibt zur Antwort: «Dein Leben von neuem darbringen. Und dir keine Ruhe gönnen. Zu diesem Wirken habe ich dich berufen und berufe ich dich und alle, die dir folgen und folgen werden. So achtet darauf, niemals nachzulassen, sondern eueren Eifer stets zu vermehren; denn ich will wohl darauf achten, euch liebevoll beizustehen mit meiner Gnade, leiblich und geistlich. Und damit euer Sinn nicht durch anderes beschäftigt sei, habe ich ihr,[37] die ich euch zu leiten berufen habe, einen An-

[36] S. auch oben S. 32.

[37] «quella»: die Autorität des Papstes?

sporn gegeben und sie geheimnisvoll neu zu diesem Wirken berufen; so dient sie mit ihrem zeitlichen Gut meiner Kirche, ihr aber dient ihr mit dem beständigen, demütigen und gläubigen Gebet und mit den Handlungen, die da not tun werden: welche dir und ihnen durch meine Güte verordnet werden, jedem nach seinem Rang.»

Braut Christi nennt sie die Kirche, der sie mit grosser Unwissenheit und Nachlässigkeit gedient habe, «und ich war die Ursache, dass andere ebenso taten». Auch sie ist mit Christus verlobt worden; der Tag, an dem dies geschah, erneuert sich nun in der Gegenwart Gottes, und in diesem Augenblick ist ihr, als hätten «Gedächtnis, Erkenntnis und Wille» – als hätte die Seele «nichts mit dem Körper zu tun». Das Heil der Seele ist aber vom Heil der Kirche nicht zu trennen. Was Katharina zur geistlichen Ordnung, zum Ineinandergreifen von Gerechtigkeit, Barmherzigkeit und Gehorsam, zu den Sitten des Klerus und auch zum zeitlichen Auftrag der Päpste sagt, kommt immer von innen: aus der mystischen Brautschaft, die sie in doppelter Identifikation mit dem Gekreuzigten und mit seiner Kirche vereinigt. Darum ist es müssig, darüber zu streiten, ob sie «der politischen Wirklichkeit gerecht geworden» sei. Die Wirklichkeit muss der Wahrheit Christi gerecht werden; nichts anderes, als dass dies geschehe, kann für Katharina der Sinn aller Politik sein.

LEHRE UND LEBEN

Katharina hatte eine Zwillingsschwester. Daher wissen wir nicht, ob sie das dreiundzwanzigste oder das vierundzwanzigste der fünfundzwanzig Kinder des Färbers Iacopo di Benincasa und der Lapa di Puccio di Piagente war. Diese Ungewissheit wiegt nicht schwer; wohl aber kann eine andere uns bedrücken: wir sind ausserstande, uns vorzustellen, wie es ist, wie es «sich anfühlt», wenn man in Siena um die Mitte des 14. Jahrhunderts als drei- oder vierundzwanzigstes Kind eines Färbers heranwächst. Die «Alltagsgeschichte» hat manches zur Anschauung beigetragen,[1] und doch sind wir über das Lebensgefühl der Menschen, damals und dort, nur sehr mangelhaft informiert. Dann auch wird uns berichtet, dass Katharina im Alter von sieben Jahren ein Keuschheitsgelübde abgelegt hat. Und da wissen wir nicht, ob zwischen diesem Akt und dem Kindersegen im Haus ein Zusammenhang bestand, sei es, dass die triumphierende Fruchtbarkeit der Mutter das Gegenbild unberührter Reinheit heraufbeschwor, sei es, dass ein gottgeweihtes Leben den Weg aus einem bedrängenden Kollektiv zu öffnen versprach. Und wie sollen wir wissen, wie viele Kinder zu jener Zeit ein solches Gelübde geleistet haben, ohne dass sie sich – oder andere sie – später daran erinnerten; wie aussergewöhnlich also die Entscheidung Katharinas fürs erste war.

Ihr Lebenslauf lässt sich auf zwei Arten verfolgen: so, wie Raimund von Capua und seine Nachfolger es taten, von Wunder zu Wunder; oder nach den historisch gesicherten

[1] S. vor allem: Arsenio e Chiara Frugoni, Storia di un giorno in una città medievale, Bari 1997.

Fakten. Zu diesen Fakten gehört aber das Selbstverständnis Katharinas, aus dem die Wunderzeichen ihrer Erwähltheit nicht wegzudenken sind, und es gehört zu ihnen die *fama sanctitatis,* ohne die ihre Einwirkung auf die Umwelt nicht zu erklären ist. – Das nackte Datengerüst sieht so aus:[2]

1347 oder etwas früher wird Katharina in Siena-Fontebranda geboren.

1364 oder 1365 tritt sie in den Dritten Orden der Dominikanerinnen ein.

In Siena entsteht zu dieser Zeit eine «famiglia», eine Anhängerschaft, um die junge Frau. Im Verkehr mit ihren Beichtvätern (Dominikanern) und anderen Geistlichen erwirbt sie theologische Kenntnisse; zu ihren frühen Gesprächspartnern gehören der englische Augustiner William Flete (der Eremit von Lecceto) und der Benediktiner Giovanni dalle Celle von Vallombrosa bei Florenz. Innerhalb ihres Kreises bildet sich eine Gruppe schriftkundiger Laien höheren Stands, die ihr als Sekretäre dienen.

1370, am 30. Dezember, wird Gregor XI. (Pierre Roger de Beaufort) in Avignon gewählt. Wohl nicht lange danach tritt Katharina in Verbindung mit Beauftragten des Papsts in Italien: Pierre d'Estaing, Kardinal von Ostia, und Abt Bérenger von Lézat.

1374 nimmt Gregor XI. durch Alfonso Pecha den Kontakt mit Katharina auf.[3] Sie wird vor das Generalkapitel der Dominikaner in Florenz zitiert, und die Ordensleitung bestimmt Raimund von Capua zu ihrem geistlichen Mentor. Sie besucht den Dominikanerinnenkonvent S. Agnese in Montepulciano.

1375 hält sich Katharina in Pisa auf. Begegnung mit ei-

[2] Wir folgen der Darstellung von Eugenio Duprè Theseider, in: Dizionario Biografico degli Italiani 22 (1979) 361–379. Im übrigen: L. Zanini / M. C. Paterna, Bibliografia analitica di S. Caterina da Siena, Roma 1971/1985/1989.

[3] S. oben S. 121f.

nem Abgesandten der Königin von Cypern, der nach Avignon reist, um den Papst zum Kreuzzug aufzufordern. Sie schreibt an den Söldnerführer John Hawkwood,[4] der sich an dem Unternehmen beteiligen soll (140).

1376 begibt sich Katharina – über Florenz, wo sie sich der Stadtbehörde als Vermittlerin in der Auseinandersetzung mit dem Papst anbietet – nach Avignon, wo sie am 18. Juni eintrifft und bis Mitte September bleibt. Gregor XI. scheint sie nur einmal empfangen zu haben, und die Gesandtschaft der Florentiner beteiligt sie nicht an den Verhandlungen mit dem Papst. Doch gelingt es ihr, Gregor davon zu überzeugen, dass seine Rückkehr nach Rom den Willen Gottes erfüllen wird. Beratung mit Ludwig von Anjou auf Roquemare über den geplanten Kreuzzug.

1377 trifft der Papst in Rom ein (17. Januar). Nach einem längeren Aufenthalt in Genua kehrt Katharina nach Siena zurück, um die südwestlich der Stadt gelegene Burg Belcaro, eine Stiftung des Nanni di Ser Vanni, für die Gründung des Klosters S. Maria degli Angeli in Besitz zu nehmen (15. April); der mit ihr befreundete Abt von S. Antimo, Giovanni di Gano da Orvieto, übt die Aufsicht über diese Neugründung aus. Danach vermittelt Katharina zwischen zerstrittenen Zweigen der Familie Salimbeni und bleibt, im papstfeindlichen Siena kaum ganz zu Unrecht konspirativer Verbindungen mit Rom verdächtigt, längere Zeit auf der Rocca Tentennano (heute Rocca d'Orcia), dem Stammsitz der Salimbeni.[5]

1378 ist Katharina monatelang in Florenz, um den Rat der Republik zur Versöhnung mit dem Papst anzuhalten. Am 27. März stirbt Gregor XI., am 8. April wird Urban VI. gewählt. Am 22. Juni gerät Katharina während eines Volks-

[4] S. oben S. 30.

[5] Gino Naldi, S. Caterina da Siena a Montepulciano in Val d'Orcia e nel Monte Amiata. Quaderni Cateriniani 19, Siena 1977.

aufstands in Lebensgefahr. Am 18. Juli kommt der Friedensschluss mit dem Papst zustande. Mitte August kehrt Katharina zum letztenmal nach Siena zurück. Sie vollendet ihr spätestens im Frühjahr, vielleicht schon 1377 begonnenes Hauptwerk, den «Dialogo».[6] Am 20. September wird in Fondi der Gegenpapst, Clemens VII., gewählt. Ende November übersiedelt Katharina nach Rom, wo sie von nun an den Kampf für den rechtmässigen Papst betreibt und nach wie vor auf eine durchgreifende Reform des Klerus dringt.

1380, am 29. April, stirbt Katharina in Rom.

*

Indem man so alles Legendäre aus der Biographie Katharinas ausschliesst, schafft man erst Raum für die Substanz ihres Lebens: für die Entfaltung ihrer Lehre in ihren Briefen. Dass freilich da und dort Legendenzüge auch in die Korrespondenz eindringen, bleibt zu beachten; und wenn wir von Korrespondenz sprechen, erfassen wir die «Textsorte» nicht ganz, mit der man es hier zu tun hat. Denn teilweise sind es Traktate, Homilien, Gebete, die Katharina diktiert – jeweils abgestimmt auf einen Empfänger, gleichzeitig aber so fest verankert in ihren theologischen Überzeugungen und mystischen Gewissheiten, dass die Varianten nie an den Kern ihrer Aussage rühren. Ausserdem sind persönliche Mitteilungen, die ihre Briefe enthielten, von den redigierenden Abschreibern fast nie berücksichtigt worden, weil sie nicht zur Belehrung oder Erbauung beitrugen und vielleicht auch auf menschliche Bedingtheiten hinwiesen, die einen weltlichen Zug in das Bild der Heiligen eintragen

[6] Vgl. Eugenio Duprè Theseider, Sulla composizione del «Dialogo» di Santa Caterina da Siena. Giornale storico della letteratura italiana 117 (1941) 161–202.

konnten. Und von Korrespondenz im wörtlichen Sinn kann man deshalb kaum sprechen, weil die Antworten fehlen.

Die Antworten und leider allzu oft auch die Fragen. Wohl bezieht sich Katharina in manchen ihrer Briefe darauf, dass der Adressat ihr geschrieben, sie um Rat gebeten hat. Auffällig ist aber, dass solche Bezugnahmen wesentlich häufiger vorkommen, wo sie zu Personen im engeren Umkreis, als wo sie zu einem Grossen der Kirche oder zu einer staatlichen Autorität spricht. Hier bleibt meist unklar, wie der Kontakt sich hergestellt hat. Man weiss, dass Bernabò Visconti sich an sie gewandt hat und dass Gregor XI. zum mindesten über sie informiert sein wollte; aber auch da bleibt ungewiss, ob es sich wirklich um erste Schritte oder schon um Reaktionen auf Signale von ihrer Seite handelte. In vielen anderen Fällen wird es Katharina gewesen sein, die von sich aus mit ihren Ermahnungen oder Ermutigungen an die oder den Betreffenden – oft eher Betroffenen – herantrat; mit welcher Wirkung, das können wir, wenn überhaupt, kaum je anders als indirekt, aus späteren Äusserungen Katharinas, erschliessen. Wir wissen überdies nicht immer, ob ein Brief seinen Adressaten erreicht hat – und ob er abgeschickt worden ist.

All diesen Ungewissheiten stehen aber einige sichere Annahmen gegenüber. Die Forschung ist ohne schwerere Anfechtungen zur Überzeugung gelangt, dass die Texte authentisch sind. Sie stammen von Katharina, auch wenn sich die Sekretäre zu manchem stilistischen Eingriff berechtigt fühlten und es wohl auch waren. Das eigenhändige Schreiben an Raimund von Capua[7] weist einen ungeordneten Duktus auf. Andererseits haben die ersten Redaktoren zu einigen Briefen angemerkt, sie seien «in astrazione»,

[7] S. oben S. 77–81.

also in einer Art von Trance geschrieben; was sich allenfalls in leicht erhöhter Redundanz, aber nicht in sprachlicher Konfusion verrät: für eine verständliche Rede ist gesorgt worden. – Und die Briefe sind nicht nur echt, es sind auch echte Briefe: jeder aus aktuellem Anlass an eine bestimmte Person gerichtet, die auch dann, wenn sie das gleiche zu hören bekommt wie andere vor und nach ihr, in diesem Augenblick die ist, der es gesagt sein soll. Gerade die Wiederholung, die ein Grundmerkmal von Katharinas Schreiben ist, bestätigt, dass literarische Kriterien nicht im Spiel sind. Eine Sammlung von Kunstbriefen würde die Themen und ihre Variationen in Musterbeispielen vorführen. Das Urteil Fawtiers,[8] das von Monotonie und Repetition spricht, wäre einem solchen Werk gegenüber berechtigt. Doch literarische Ansprüche waren nicht nur Katharina, sondern auch ihren Sachwaltern fremd.

Was heisst aber «literarisch»? Die Briefe der Katharina von Siena sind ein Sprachdokument in vielfachem Sinn.[9] Zunächst ein Zeugnis regionaler Entwicklung des Toskanischen, das in Dichtung und Erzählung und auf der Bühne verwendet wurde sowie in der Predigt, aber noch kaum im Traktat, im Privat-, aber nicht im Staatsbrief. Dass Katharina an Päpste und Regenten in der Volkssprache schrieb und in ihr auch ihr theologisches Werk verfasste, war zu ihrer Zeit ungewöhnlich. Wir kennen nur ein Beispiel dafür, dass ein

[8] S. oben S. 11.

[9] Zum folgenden: Giovanni Getto, Saggio letterario su Santa Caterina da Siena, Firenze 1939. – Giorgio Petrocchi, Cultura e poesia del Trecento. Storia della letteratura Italiana II, Milano 1965, S. 656–666. – Franco Mancini, Ispirazione e linguaggio di Caterina da Siena, Trieste 1951. – Paolo Schiavo, Il problema estetico delle lettere di S. Caterina. Bullettino Senese di Storia patria 61 (1962) 200–219. – Maria Teresa Balbiano d'Aramengo, Dante e Santa Caterina. Quaderni Cateriniani 23, Siena 1980. – Gabriella Anodal, Il linguaggio cateriniano, Siena 1983.

Brief – er war an Gregor XI. gerichtet[10] – ins Latein übersetzt wurde; und dem «Dialogo» hat später ihr Schüler Stefano Maconi eine lateinische Fassung gegeben, ob zur weiteren Verbreitung oder zu fachlicher «Aufwertung», wissen wir nicht. Die Tatsache, dass Katharina keine lateinischen Texte diktieren konnte, erklärt vielleicht nur zum Teil, dass sie sich so konsequent an das heimatliche Idiom hielt, von dem sie natürlich wusste, dass längst nicht jeder Adressat es verstand; sie konnte Übersetzungen anfertigen lassen, was sie offenbar nur ganz selten getan hat. Es liegt also nahe, hier eine bewusste Entscheidung zu sehen – ohne aber zu vergessen, worum es Katharina ging.

Ihre Briefe sind an jeweils einen Menschen, ausnahmsweise an eine Gruppe gerichtet: in einer Sprache, die nicht für ein Lesepublikum, nicht für die Nachwelt bestimmt ist. Der Lebenslauf bringt es mit sich, dass man zuerst an Personen schreibt, zu denen man so, wie man schreibt, auch sprechen würde. Als sie anfing, sich an Ferner- und Höherstehende zu wenden, war Katharina, auch wenn wir das späte Geburtsdatum 1347 annehmen, immerhin über die Mitte ihrer Zwanzigerjahre hinaus, und ihre Diktion hatte sich ausgebildet, hatte eine sehr feste Form gefunden. Wenn sie nun an geistliche Würden- und weltliche Machtträger schrieb, blieb sie bei dieser Form; denn die stand für den Inhalt, welcher den einen wie den anderen Adressaten zugedacht war. Katharina – von dieser Feststellung gingen wir aus – sagt immer das gleiche, und sie sagt es allen gleich. Wenn das, was sie dem einen schreibt, wahr ist, dann kann sie dem anderen nichts anderes schreiben. Und so kommt auch allen dieselbe Sprache zu.

Gleichzeitig ist dies aber Katharinas angeborenes und seit Jahrzehnten, also seit kurzem, auf die gebildeten Schichten übergreifendes «volgare»: die Sprache, in der sie

[10] S. oben S. 129f.

hören gelernt hat. Durch sie ist ihre regionale wie ihre soziale Herkunft gekennzeichnet, und diese Herkunft hat ihr, wie schon bemerkt, den Verkehr mit höhergestellten und weltläufigeren Personen nicht sichtbar erschwert. Ob man geradezu eine patriotische oder demokratische Absicht dahinter vermuten kann, dass sie an der volkssprachlichen Rede festhielt? Etwas Derartiges ist nicht ganz auszuschliessen; es gibt aber keine Äusserung Katharinas, die darauf hinwiese. Und anzunehmen, sie habe gegenüber dem «Ausland» oder auch gegenüber der Fremdherrschaft des französischen Klerus die «Sprache Italiens» (die es in so umgreifendem Sinn noch lange nicht gab) demonstrativ verwendet, wäre eines der national inspirierten Missverständnisse, die in der italienischen Literatur freilich vorkommen.

Das Selbstbewusstsein, das man in Katharinas unbeirrt muttersprachlicher Ausdrucksweise erkennen mag, ist nicht von ihrem Sendungsbewusstsein zu trennen; es geht vielmehr auf in ihm. Ihre Lehre hat zur ersten Voraussetzung, dass nicht der Mensch, sondern nur Gott *ist.* Im «cognoscimento di noi» finden wir nicht unser Selbst, sondern Gott; unser Innerstes ist der Ort, an dem wir einzig noch ihn hören. Die Seele in Katharinas «Dialogo» gibt Gott bloss die Stichworte, damit *er* sich vernehmen lässt. Und so ist auch andererseits nicht sie es, die sagt, was geschehen soll, oder voraussagt, was sich ereignen wird. Die Warnungen und erst recht die Drohungen, die sie ausspricht, kommen nicht von ihr selbst: Christus, der Gekreuzigte, hat sie ihr eingegeben, und sie gibt sie weiter. Dass aber gerade sie, ein Kind des «popolo minuto» von Siena, zu diesem vermittelnden Dienst ausersehen ist, muss nicht wundernehmen – mag es auch ein Wunder sein. Ist Gott nicht Mensch geworden in dem Sohn eines Baumeisters in Nazareth? Für die Färberstochter in Siena ist der Weg zur Gotteserkenntnis weder schwerer noch weiter als für jeden anderen Menschen. Ihre

Sprache aber bleibt auch dann, wenn Gott zu ihr redet, immer die Sprache, die sie hören gelernt hat; wie könnte sie ihn vernehmen, wenn nicht in ihrem «volgare».[11]

*

Durch ihre geistliche Berufung und durch ihr ausgreifendes Wirken in der Welt hat sich Katharina, soweit wir sehen, ihren Angehörigen nicht entfremden lassen. Es haben sich Briefe an ihre Mutter, an drei Brüder, die nach Florenz gezogen sind und für die sie sich dort verwendet hat, und an andere Verwandte erhalten. Sie muss aber in sehr jungen Jahren einen Bildungsstand erreicht haben, der weit über demjenigen ihres angestammten Milieus lag. Die Voraussetzungen dazu hat sie selbst geschaffen, indem sie lesen lernte, wahrscheinlich auch elementare Lateinkenntnisse erwarb und sich vor allem durch Ordensgeistliche ihrer Bekanntschaft das theologische Wissen vermitteln liess, das ihr notwendig war. Der Umfang dieses Wissens ist schwer zu bestimmen. Wir können nur von ganz wenigen Texten mit einiger Sicherheit annehmen, dass Katharina sie aus erster Hand kannte; sie zitiert aus den Evangelien, aus Paulusbriefen und aus dem ersten Petrusbrief; sie bezieht sich auf Augustinus, auf Thomas von Aquin, doch schon da wird zweifelhaft, ob sie die Stellen selber gelesen oder bei anderen Autoren gefunden oder durch mündliche Weitergabe ken-

[11] Petrocchi, zit. S. 663: «[indubbio] che l'unità stilistica delle *Lettere* derivi da un raggiunto equilibrio espressivo del linguaggio mistico col linguaggio domestico-popolare; che è poi legittima forma di comunicazione di una popolana assurta al grado di direttrice spirituale del suo tempo, e che non oblia mai le sue origini nelle vette del *raptus* mistico o dell'apostolato ascetico.» Dasselbe gilt für die Gebetstexte, die unter dem Namen Katharinas überliefert sind: S. Caterina da Siena, Orazioni. A cura di Giuliana Cavallini, Roma 1978.

nengelernt hat. Ohnehin darf man sich die Vergegenwärtigung der christlichen Glaubensinhalte in jener Zeit nicht allzu schulmässig vorstellen; kirchliche Lehre konnte über die Liturgie, über Predigten und Gebetstexte aufgenommen werden, ohne dass ihre Herkunft – eine Konzilsentscheidung, das Wort eines Kirchenvaters – recht deutlich wurde. Und Katharina war beinahe immer in der Lage, sich durch einen Gesprächspartner unterrichten zu lassen, aber fast nie, eine Klosterbibliothek zu benützen; das Buch hat wohl in ihrem Leben keinen bedeutenden Platz eingenommen.

Man hat versucht, die Aszendenz ihrer religiösen Ausrichtung – oder eher: Gestimmtheit – an Namen wie Domenico Cavalca, Giordano da Pisa, Iacopo da Varazze (Voragine), Giovanni Colombini festzumachen;[12] und dass Katharina von der asketischen Frömmigkeit des letzten beeinflusst war, Schriften und Predigten der beiden ersten kannte oder eine lebendige Vorstellung von ihnen hatte, und dass ihr die «Legenda aurea» des dritten vertraut war, kann wohl als sicher gelten. Aber die Textvergleiche sind nicht ergiebig, weil sie doch eher nur punktuelle Berührungen zeigen als auf spezifische gedankliche Übereinstimmung hindeuten. Und ein eigentliches Vexierspiel bilden die Anklänge an Dante,[13] auf die wir hier einige Male hingewiesen haben und die eine gleichsam untergründige, viel-

[12] Vor allem: Alvaro Grion, Santa Caterina da Siena. Dottrina e fonti, Brescia 1953, zum Teil im Anschluss an Duprè Theseider, Sulla composizione, zit. S. 161–202. Beispiele für Anklänge an die «volgarizzamenti» Cavalcas, S. 361–365, an asketische Motive in Cassianus, Collationes Patrum, S. 366–368, und besonders an die Christus-Mystik im «Arbor vitae» des Ubertino da Casale, S. 369–396. Gerade dieses Werk nährt sich aber einerseits aus so vielen Quellen und strahlt andererseits nach so vielen Seiten aus, dass ein unmittelbarer Einfluss schwer fassbar ist.

[13] Vgl. die oben, Anm. 9, zitierte Studie von Maria Teresa Balbiano d'Aramengo, in der viele bemerkenswert ähnliche und doch nie ganz gleiche Sätze bzw. Verse zusammengestellt sind.

leicht halb bewusste Beziehung verraten, ohne dass man sie wirklich «beim Wort» nehmen könnte. Auch hier scheint es sich zu bestätigen, dass Katharina nicht so sehr las wie hörend erfasste, was sie dann nicht dem Buchstaben nach, sondern dem Sinn gemäss in ihre Rede aufnahm.

Zu den «Quellen» ihres theologisch-kirchlichen Denkens gehört ohne Zweifel die wiederum vorwiegend mündliche und auch diffuse Tradition franziskanischer Reformbestrebungen. Seit der durchgreifenden Verfolgung der Spiritualen unter Johannes XXII. (1316–1334) hatten die «Fraticelli» als sektenartige, untereinander nur lose verbundene Gruppen in Mittelitalien das Erbe der einstigen Wortführer – Angelo Clareno, Ubertino da Casale – übernommen: die Forderung nach vollkommener Besitzlosigkeit, die sich zwar auf Franziskus berufen konnte, aber zur Observanz des Ordens in nicht mehr heilbarem Gegensatz stand. Dass Katharina zu diesen irregulären Gemeinschaften in Verbindung gestanden hätte, ist undenkbar. Ihr früher Mentor Giovanni dalle Celle gehörte zu den massgeblichen Kritikern der Fraticellen;[14] und ohnedies ist ihre Treue zur Institution – zur «Amtskirche» – nie ins Wanken geraten, was immer sie an der Verfassung des Klerus auszusetzen hatte. Dies aber: ihre Klage über die Verweltlichung der Priester, über den Egoismus der «pastori e rettori», über die Habsucht und das aufwendige Leben von Kardinälen und Bischöfen, berührt allerdings den Radikalismus der ins Häretische spielenden Armutspredigt; und wenn es der Ordensleitung im Sommer 1374 geraten schien, Katharinas Rechtgläubigkeit zu überprüfen, mag diese Affinität einen Anlass dazu geboten haben.

Ein anderes Motiv könnte die in ganz anderem Sinn «ir-

[14] Franz Ehrle, Die Spiritualen, ihr Verhältniss zum Franciscanerorden und zu den Fraticellen. Archiv für Litteratur- und Kirchengeschichte des Mittelalters 4 (1888) 1–190.

reguläre» Autorität gewesen sein, die sich die junge Dominikanerin in Siena erworben hatte und die manche Geistliche irritiert haben wird. Als «direttrice spirituale» einer informellen Gemeinschaft, zu der auch Personen höheren Stands gehörten, übernahm sie Aufgaben – nicht priesterliche natürlich, aber doch seelsorgliche –, die über den einer Terziarin zugedachten Bereich der Krankenpflege und der Armenfürsorge weit hinausgingen und erwiesenermassen die Beratung spendewilliger Glieder ihrer «famiglia» einschlossen; was den Unmut im Klerus verstärken musste. Die Quellenlage bringt es mit sich, dass wir über Katharinas Wirken im engeren Umkreis weniger gut Bescheid wissen als über ihre Kontakte mit der weiteren Welt; Zuspruch und Mahnung in ihrer mündlichen Form sind, einige Predigten abgerechnet, nur unsicher bezeugt. Aber das Grundmuster der Anwendung einer einfachen, strengen asketischen Lehre – einer Botschaft der Selbstentäusserung und der Nächstenliebe um Christi willen – auf das Verhalten der Menschen untereinander muss da wie dort das gleiche gewesen sein. Und der Anspruch, der damit gestellt und erhoben wurde, scheint schon vor allen politischen Implikationen auf die einen mitreissend, auf andere abstossend gewirkt zu haben.

Weltlich gesehen – und weltliche Vorstellungen muss man auch bei kirchlichen Amtsträgern voraussetzen – erweckt das Auftreten einer sehr jungen Frau bescheidener Herkunft als Seelenführerin in einer kleinstädtischen Gesellschaft den Eindruck von Ehrgeiz und Geltungsbedürfnis. Dass dieser Eindruck mit Katharinas Selbstverständnis nicht übereinstimmt, beweist nicht, dass er ganz falsch ist. Ihr Sendungsbewusstsein verbindet sich, wie wir gesehen haben, mit Gefühlen des Ungenügens – vor einem freilich extremen Selbstanspruch, der manchen Zeitgenossen, Klerikern vor allem, als geistliche Anmassung erscheinen konnte. An der Wahrhaftigkeit ihrer Überzeugung, zu übergrossen Aufgaben berufen und ihnen im letzten nicht gewachsen zu sein, brauchen wir nicht zu zweifeln. Berufung setzt aber Bereitschaft voraus, und sie wiederum können wir wohl als Wunsch nach Selbstverwirklichung definieren. Nach einer Selbstverwirklichung, der unter den gegebenen Umständen kein anderer Weg offenstand als die Nachfolge Christi.

Es ist eine altbekannte Tatsache, dass sich Legendenzüge von einer Heiligenvita zur anderen wiederholen: Topoi, die um so häufiger auftreten, je weniger der Verfasser über die eine, besondere Lebensgeschichte zu berichten weiss. Man darf aber nicht ausser Acht lassen, dass auch die Heiligen selbst im Bann der Vorbilder stehen; so dass schon im Leben, nicht erst in der Vita ein Moment der Wiederholung sich geltend macht. Wenn Raimund von Capua erzählt, dass seinem Beichtkind in Pisa am 1. April 1375 ein Stigmatisierungserlebnis zuteil wurde,[15] spricht alles dafür, dass Katharina es war, die ihm das anvertraut hatte; ebenso sicher ist aber, dass die Analogie zu Franz von Assisi ihr nicht entging. Und dass sie am 22. Juni 1378 die Aufständischen, die sie bei Florenz überfielen, mit einem Jesuswort anredete,[16] weist noch deutlicher auf Angleichung, auf «imitatio» hin.

Katharinas Briefe lassen sich als ein stetes Crescendo der Einflussnahme lesen. Und aus dem Bestreben, Einfluss auf immer weitere Kreise zu gewinnen und die Entscheidungen höherer, höchster Persönlichkeiten mitzubestimmen, ist ein Moment der Machtausübung nicht wegzudenken. Aber erst wenn man auch ein gegenläufiges Crescendo erkennt, klärt sich der Zusammenhang zwischen Politik und Mystik in Katharinas Wirken. Je weiter sie ausgreift, je mehr Verantwortung sie zu tragen glaubt, um so bezwingender

[15] Legenda maior, zit. S. 901.
[16] S. oben S. 83.

wird für sie das Bewusstsein der Ohnmacht. Nicht etwa nur, weil der grössere Teil ihres «Programms» sich nicht durchsetzt: der Kreuzzug nicht stattfindet, die Reform des Klerus keine Fortschritte macht und der schismatische Papst sich behaupten kann. Auch nicht deshalb allein, weil sie einsehen muss, dass Gott durch ihre fehlbare, schuldhafte Person keine Wunder verrichtet. Sondern weil sie sich mit der Schwäche identifiziert: mit dem Lamm, mit dem Gekreuzigten und mit seinem für die Menschheit vergossenen Blut. – Biographische Voraussetzungen und Bedingtheiten werden durch die Theologie Katharinas nicht ausser Kraft gesetzt. Aber ihre Glaubensgewissheit und ihre asketische Selbstüberwindung übernehmen die Führung in ihrem Kampf um das Heil der Kirche – so, dass ihr Leben immer mehr zum Spiegel ihrer Lehre wird und sich als Opfergang vollendet.